KB218386

목회자 바울이 목회자에게

**바울로부터 온 편지 1**
**목회자 바울이 목회자에게**

지은이 | 최종상
초판 발행 | 2025. 4. 23
등록번호 | 제1988-000080호
등록된 곳 | 서울특별시 용산구 서빙고로 65길 38
발행처 | 사단법인 두란노서원
영업부 | 2078-3333    FAX | 080-749-3705
출판부 | 2078-3331

책값은 뒤표지에 있습니다.
ISBN 978-89-531-5080-5 03230

독자의 의견을 기다립니다.
tpress@duranno.com    www.duranno.com

두란노서원은 바울 사도가 3차 전도여행 때 에베소에서 성령 받은 제자들을 따로 세워 하나님의 말씀으로 양육하던 장소입니다. 사도행전 19장 8-20절의 정신에 따라 첫째 목회자를 돕는 사역과 평신도를 훈련시키는 사역, 둘째 세계선교(TIM)와 문서선교 (단행본·잡지) 사역, 셋째 예수문화 및 경배와 찬양 사역, 그리고 가정·상담 사역 등을 감당하고 있습니다. 1980년 12월 22일에 창립된 두란노서원은 주님 오실 때까지 이 사역들을 계속할 것입니다.

# 목회자 바울이
# 목회자에게

최종상 지음

Letters
from
Paul

바울로부터
온
편지

1

두란노

차례

| 시리즈 서문 |

예수님의 제자이면서 동시에 전도자, 선교사, 교회 개척
자, 목회자, 신학자이자 저술가였던 사도 바울. 그는 다양
한 역할을 훌륭하게 감당한 주님의 일꾼이었다. 그의 다
면적 초상은 오랜 세월 동안 많은 그리스도인에게 영감을
주었고, 그의 삶과 사역, 가르침과 신학은 2천 년이 지난
지금도 여전히 적절하고 살아 있다.

　　종교다원화의 시대에 기독교 감소를 체험하는 서구
교회와 한국 교회는 기독교의 본질을 회복해야 할 중대
한 기로에 서 있다. 이러한 때에 우리가 따라야 할 가장
적절한 모델이 바로 사도 바울이다. 그는 로마의 작은 식
민지의 종족임에도 불구하고 거대한 헬라와 로마의 범신
론과 세속화에 맞서 담대히 복음을 전하여 제국의 여러
속주에 교회들을 개척했다. 그의 목회와 가르침으로 성
도들은 극심한 핍박 가운데서도 기독교의 본질을 지켜 냈
고 마침내 로마 제국은 기독교를 공인하게 되었다. 바울

이 어떻게 살고 무엇을 가르쳤기에 이런 역사가 뒤따르게 되었을까? 그의 삶과 가르침이 궁금하지 않을 수 없다. 사도 베드로는 바울의 가르침이 어렵다고 했지만 말이다 (벧후 3:15-16).

사도 바울이 21세기의 성도들과 목회자들, 선교사들 그리고 신학도들에게 편지를 쓴다면 과연 어떤 교훈과 권면을 줄까? 그의 가르침이 우리에게 절실하다. 그래서 이번 《바울로부터 온 편지》 시리즈에서는 만약 사도 바울이 이 시대를 살아가는 그리스도인들에게 권면과 도전의 메시지를 전한다면 어떤 말을 할지 편지의 형태로 기술해 보고자 한다.

대체적으로 바울서신은 수신인이 교회 지도부를 포함한 성도들이었고, 당시 1세기 교회들이 직면했던 상황을 전제로 기록되었다. 따라서 그의 서신들 속에서 21세기를 살아가는 '나에게', 특히 '목회자', '성도', '선교사', '신학도'라는 각각의 위치에 있는 '나에게' 주는 메시지를 찾아내기는 생각만큼 쉽지 않을 수 있다.

그래서 이번 《바울로부터 온 편지》 시리즈를 각각의 직분을 향한 편지 네 권으로 구성했다. 《목회자 바울이 목회자에게》, 《사도 바울이 성도에게》, 《선교사 바울이 선교사에게》, 《신학자 바울이 신학도에게》다.

이 시리즈에서는 각 직분자에게 사도 바울이 나눌 메시지를 모아 보았다. 하지만 각 직분에 따라 명확하게 구분하는 것은 불가능에 가까웠다. 다양한 직분의 역할을 사도 바울 혼자 감당했기 때문이며, 바울서신이 목회적이고 선교적인 동시에 신학적이며, 이런 요소들이 서로 복합적으로 뒤섞여 있다 보니 내용과 주제가 조금은 중복될 수밖에 없었다. 하지만 주로 누구에게 말하는가에 중점을 두고 기술하고자 했다. 서로 연결되어 있는 만큼 《바울로부터 온 편지》 시리즈 전권을 읽는다면, 바울의 사도적, 목회적, 선교적, 신학적 가르침을 포괄적으로 이해하게 될 것이다.

또한 네 권 모두 그 내용을 평신도들이 이해할 수 있도록 쉽게 기술하고자 노력했다. 성도들도 목회적, 선교적, 신학적 주제를 관심 갖고 읽기 바란다. 바울서신은 기본적으로 초대 교회 성도들에게 보낸 것인데, 거기에 위 주제들이 다 담겨 있고 그들도 신학적 내용을 이해했기 때문이다. 시리즈의 책을 다 읽으면 방대한 지식과 균형 잡힌 신앙을 갖게 되고 다른 직분자들을 더 잘 이해할 수 있게 될 것이다. 다만 사도 바울도 그랬듯이, 독자들이 궁금해할 모든 주제를 다룰 수 없는 한계에 대해서는 양해를 구한다.

바울의 권면을 새로이 들으려면 바울서신의 메시지 만으로도 충분할 수 있다. 바울서신의 일차적 수신인은 우리가 아니었다 할지라도 하나님은 우리를 위해서도 쓰도록 섭리하셨기 때문이다. 하지만 보다 풍성한 메시지를 받기 위해 바울 당시 없었던 사도행전을 비롯하여 신약의 말씀들도 살피고자 한다. 사복음서에 기록된 예수님의 가르침도 조명할 것이다. 예수님의 가르침을 직접받지 못했고 그분의 가르침과 행적이 기록된 복음서도 없던 시대에 사역했지만, 오늘 우리에게 편지를 쓰거나 가르친다면 당연히 기록된 예수님의 가르침을 많이 인용할 것이기 때문이다.

이 시리즈의 제목들은 13여 년 전, 이미 정해 놓았다. 그러나 이제야 세상에 나오게 된 것은 하나님의 은혜요 타이밍이라고 고백할 수 있다. 주님의 인도하심으로 CGN과 함께 작업한 10부작 스토리 다큐 〈바울로부터〉가 다양한 채널로 방영되었다. 미국에서 주관하는 ICVM(International Christian Visual Media) 크라운 어워즈에서 해외 프로덕션 부문 최고 영예인 금관상(Gold Crown Award)을 받았다. 게다가 80여 분으로 줄인 〈바울로부터 스페셜 마스터〉가 2024년 크리스마스 특집으로 KBS 1TV에서 방영되었고, 영어와 중국어를 비롯한 주요 언어로 자막 처리되어 세계로 뻗어 갔다.

다큐를 위해 스크립트로 쓴 원고가 《바울로부터》라는 제목으로 두란노에서 출판되었고, 2024년 한국기독교출판문화상 대상(大賞)을 수상하게 되었다.

이런 하나님의 은혜를 경험하면서 여러 해 전 제목만 정해 놓았던 이 시리즈를 마무리해야 한다는 책임감이 몰려왔다. 몇 번의 인터뷰를 통해 "바울이 오늘날 한국 교회에 어떤 메시지를 주실 것 같은가?"라는 질문을 자주 받으면서 집필을 결심하게 되었다. 다큐 "바울로부터"와 책에 이어 성도, 목회자, 선교사, 신학도에게 개별적으로 바울로부터 적절한 권면과 메시지가 전달되는 것은 하나님의 완벽한 시간표를 따르고 있다는 확신마저 든다.

서술 방식에 대해서는 고민이 많았다. 결론은 바울 사도가 성도들과 목회자들과 선교사들과 신학도들에게 직접 편지를 쓰듯 서간체를 채택했다. 사도 바울이 직접 말하는 일인칭 형식을 사용하려니 바울에 대해 기술하는 것과는 차원이 다른 부담감이 있었던 것은 사실이다. 혹시라도 바울의 삶과 가르침을 충분히 이해하지 못하면서 바울이 직접 말하는 것으로 전달하는 결과를 가져오면 안 된다는 생각 때문이었다. 그래서 망설였다.

그러나 바울로부터 직접 메시지와 설명을 듣는 서체

에는 이야기를 전달하는 제3자의 입장에서 기술하는 것과는 비교할 수 없을 만큼 더 큰 가르침과 묵직한 힘이 있으리라는 생각이 들었다. 이러한 이유로 바울의 마음과 정신과 신학을 최대한 제대로 투영시키려고 철저히 노력해야 한다는 것을 스스로 유념하며 용기를 내어 바울이 직접 전하는 편지의 형식으로 풀어내기로 했다. 이 시리즈가 현대의 믿는 자들 모두에게 '현대판 바울서신'으로 다가갈 수 있기를 소망한다.

《바울로부터 온 편지》 시리즈를 통해 바울을 본받아 힘을 얻고, 예수님과 바울이 각자에게 들려주는 메시지를 발견하게 되길 바란다. 그리하여 새로운 관점으로 성경과 바울의 삶을 보게 되고, 그의 가르침이 지식의 차원을 넘어 진정한 삶과 사역에서 변화를 경험하게 하는 원동력이 되길 소망하며 기도한다.

주님께 감사와 영광을 돌리며 출판에 힘써 준 두란노 편집 팀, 아내 윤명희 선교사와 가족에게 감사드린다.

최종상

주 안에서 사랑하는 목사님!

목회 일선에서 주님의 몸 된 교회를 섬기니 주님이 기뻐하실 것이며 나도 감사의 말씀을 드립니다. 가정이 하나님이 구약 시대에 세우신 유일한 기관이듯 교회는 예수님이 신약 시대에 세우신 유일한 기관입니다. 가정과 교회는 모두 하나님의 큰 뜻으로 세워진 중요한 공동체입니다. 예수님이 목사님에게 당신의 핏값으로 사신 성도들이 모여 공동체를 이룬 교회를 목양하는 중책을 주셨습니다. 가장 의미 있고 중차대한 소명(vocation)인 것이 분명합니다.

지금 담임 목회를 하는 분들도 있을 것이고, 언젠가 담임 목회자로 섬길 기회를 찾는 교역자들과 신학도들도 있을 것입니다. 목회의 길로 들어선 사람에게는 직책보다도 주님과 성도들을 섬기는 자세가 더 중요합니다. 직책의 높고 낮음, 공동체의 크고 작음을 떠나서 현재 맡은 일을 얼마나 성실하고 신실하게 감당하는가를 주님은 눈여겨보십니다.

어떠한 상황에 놓이더라도 교회의 주인과 머리는 예수님이시라는 사실을 잊지 마십시오. 목회자는 주님께 속한 기관의 일을 위임받은 청지기입니다. 하나님의 백성이 된 성도들을 섬기고 가르치고 돌보는 사역을 맡은 일꾼입니다. 조금도 소홀히 할 수 없고 충성과 헌신을 다하여 주님과 성도들을 섬겨야 하는 이유가 여기에 있습니다.

목회자는 교회와 성도들을 바로 세우고 섬길 수 있는 가장 좋은 자리에 있습니다. 목회자가 성령의 인도하심과 도우심을 받아 헌신적으로 사역한다면 선하고 영원한 일을 힘 있게 할 수 있을 것입니다. 그래서 이 편지를 통해 같은 목회자의 길을 걸어온 사람으로서 내가 배우고 경험하고 가르친 목회의 원리와 실제를 목사님과 나누고자 합니다.

디모데전후서와 디도서를 '목회서신'이라고 부릅니다. 신앙 안에서 참 아들이요 사역적으로 후계자인 디모데와 디도에게 목회의 중요한 원리들을 많이 적어 보낸 것은 사실입니다. 그러나 목회자가 알고 실천해야 할 모든 것이 적혀 있는 것은 아닙니다. 내가 이들과 함께 살았고 전도하러 다니면서 더 많은 것을 대면하여 가르쳤음을 유념하기 바랍니다. 더 나아가 내가 선교 여행 중 개척한 교회에서 짧은 시간 목회를 할 수밖에 없어, 여러 번 재방문과 서신을 통해 교회들을 돌보았습니다. 그 여러 지역과 교회들에게 쓴 편지에도 해당 교회의 상황과 나의 목회적 사랑과 원리, 열정이 담겨 있으니, 목사님에게 도움이 될 내용들이 많을 것입니다.

목회는 무어라 한마디로 말하기 어렵습니다. 교회의 구성원과 그들의 성숙도, 교회의 형편과 목회자의 경험과 목회 방식이 다 다르기 때문에 일률적으로 어떤 목회가 정답이라고 말하기는 쉽지 않습니다. 내가 각 교회에 서신을 쓸 때에는 그들이 처한 상황을 알고 있었기 때문에 구체적으로 쓰기가 더 쉬웠습니다. 하지만 목사님에게 보내는 이 편지는 각 목회자와 교회가 처한 형편과 세부 사항이 너무 다르고 다양해서 구체적으로 쓰기가 쉽지 않습니다. 그래서 오히려 본질적이고 원론적인 내용에 집중할 수 있었습니다.

부디, 열린 마음으로 읽고 묵상하고 기도하면서 주님의 음성을 함께 듣길 권합니다. 그리하여 무엇보다 목사

님 자신에게 변화가 일어나 건강한 목회와 교회 공동체의
삶과 사역으로 하나님의 나라가 넓게 확장되어 주님이 영
광을 받으시길 기도합니다.


사도 바울 드림

# 1

애틋한 작별을
준비하는
　　　목회를 하십시오

율리우스 슈노르 폰 카롤스펠트, 〈에베소 장로들과 작별하는 바울〉
(1852-60)

목회자와 성도들이 다시 못 볼 줄 알면서 안타깝게 작별하는 모습을 보면 그동안 서로 나누었던 관계와 우정의 깊이를 느낄 수 있습니다. 에베소 장로들은 큰 소리로 울며 입을 맞추고 바울의 목을 안은 손을 풀려 하지 않았습니다. 서로를 걱정하며 헤어지기 아쉬워했습니다. 하지만 주님의 능하신 손길에 서로를 의탁했고 각자 있는 곳에서 주님께 충성하다가 천국에서 다시 만나길 다짐하며 헤어졌습니다. 바울은 어떻게 목회했길래 이렇듯 애틋하게 헤어질 수 있었을까 묵상합니다.

| 살전 2:7-8 |

우리는 그리스도의 사도로서 마땅히 권위를 주장할 수 있으나 도리어 너희 가운데서 유순한 자가 되어 유모가 자기 자녀를 기름과 같이 하였으니 우리가 이같이 너희를 사모하여 하나님의 복음뿐 아니라 우리의 목숨까지도 너희에게 주기를 기뻐함은 너희가 우리의 사랑하는 자 됨이라

나는 목회를 하면서 보람을 느낀 적이 한두 번이 아니었습니다. 하지만 가장 잊을 수 없는 한 장면은 밀레도에서 에베소 교회 장로들과 헤어질 때입니다.

당시, 나는 죽음을 각오하고 예루살렘으로 가고 있는 중이었으므로 너무도 무거운 심정으로 장로들을 만났습니다. 유대주의자들이 고린도와 갈라디아 교회들

을 잘못된 가르침으로 훼방하고 있는 상황이었기에, 그 사실을 예루살렘의 사도들과 장로들에게 알리고, 왜 이방 성도들은 할례를 포함하여 율법을 지키지 않아도 되는지에 대해 신학적으로 설명하고 설득해야 했습니다.

예루살렘 교회의 일부 지도자들과 성도들이 직간접으로 유대주의자들의 활동을 지원하고 있다는 정황이 있었기에, 점점 교묘하게 교회를 훼방하는 유대주의자들의 망동을 원천 차단하기 위해 죽음을 무릅쓰고서라도 예루살렘에 직접 가야 했습니다. 예루살렘에 가면 불신 유대인들의 손에 붙잡혀 장기 옥고를 치르든지 순교할 수도 있는 상황이었습니다. 죽음은 두렵지 않았지만 죽게 될 경우 그토록 원했던 로마 교회 방문은 고사하고, 유대주의자들의 거짓 복음으로 이방 교회와 유대 교회 모두 영영 위험에 빠질 수도 있었습니다.

고린도와 갈라디아의 교회들이 이렇게 쉽게 거짓 선생들의 가르침에 빠진 것은 내가 은혜와 믿음으로 얻는 구원을 가르칠 때 믿음과 율법의 상관관계를 미리 그들에게 자세히 설명하지 않았기 때문이었습니다. 지키지 않아도 될 율법이니 지키지 말라고 미리 가르칠 필요도 없었습니다.

하지만 유대주의자들의 훼방이 활발해지자 갈라디아 교회들에게 강력한 편지를 보내야 했고, 다른 교회 성도들도 준비시켜야 했습니다. 특히 에베소 교회를 꼭 준비시켜야 했습니다. 에베소 교회는 단순히 한 교회가 아니라 아시아 전역의 교회들을 돌보는 사역을 담당하고 있었기 때문입니다. 이렇게 중요한 교회를 거짓 선생들로부터 지키기 위해 사람을 보내 에베소 장로들을 밀레도로 불렀습니다. 감사하게도 여러 장로들이 왔습니다.

그들에게 나는 모든 겸손과 눈물로 핍박과 간계를 이기며 애썼던 3년 동안의 사역을 회상시켜 주었습니다. 예루살렘에 가는 이유를 설명하면서, 거기서 결박과 환난이 있을 것이라고 성령이 증언해 주셨으므로 그들이 다시는 내 얼굴을 보지 못할 것이라고 말해 주었습니다.

그러고는 장로들을 보고자 했던 가장 중요한 이유를 설명했습니다.

여러분은 자기를 위하여 또는 온 양 떼를 위하여 삼가라 성령이 그들 가운데 여러분을 감독자로 삼고 하나님이 자기 피로 사신 교회를 보살피게 하셨느니라 내가 떠난 후에 사나운 이리가 여러분에게 들어와서 그 양 떼를 아끼지 아니하며 또한 여러분 중에서도 제자들을 끌어 자기를 따르게 하려고 어그러진 말을 하는 사람들이 일어날 줄을 내가 아노라(행 20:28-30).

여러 말로 교회를 지키라고 부탁하고 무릎을 꿇고 간절히 기도했습니다. 나는 장로들과 교회들을 위해 기도했고, 장로들은 나의 안전과 예루살렘에서 있을 회의를 위해 떨리는 목소리로 기도했습니다.

기도회가 끝나자 한 사람씩 안아 주며 작별 인사를 했습니다. 장로들은 내 목을 안고 놓지 않았습니다. 입을 맞추며 크게 울었습니다. 모두 울음바다가 되었습니다. 나도 감사하고 아쉬운 마음을 누르지 못하고 뜨거운 눈물을 흘렸습니다. 여러 말을 했지만 장로들의 마음속에 가장 깊이 박힌 말은 다시 서로 보지 못할 것이라는 말이었던 것 같습니다. 배에 오르기 직전에 다시 한 번 뜨겁게 포옹하고 배에 몸을 실었습니다.

배가 항구에서 천천히 미끄러져 나가자 장로들은 배

의 방향을 따라 대연극장 뒤편 언덕길로 뛰면서 끝없이 손을 흔들었습니다. 나도 두 팔을 흔들었습니다. 배가 점점 멀어지자 장로들은 옷을 벗어 흔들었습니다. 나도 그들이 보이지 않을 때까지 옷을 벗어 흔들며 작별을 아쉬워했습니다.

그때를 잊을 수 없습니다. 서로를 귀하게 여기고 그동안 쌓여 온 짙은 사랑을 확인하는 순간이었습니다. 주님의 교회와 양 떼를 잘 지키겠다는 약속의 표현이었습니다.

장로들이 시야에서 사라지고 한참 후 나는 조용히 에베소 사역을 생각하며 주님께 감사의 기도를 다시 드렸습니다. 동고동락하며 우정으로 뭉친 귀한 동역자들을 주신 주님을 찬양했습니다. 에베소에서 맹수 같은 핍박자들과 싸우고 살 소망까지 끊어진 것 같은 날들을 보내기도 했지만(고전 15:32) 그들이 있어 함께 견뎌 낼 수 있었습니다.

이날의 감동적인 작별로 주님은 내게 위로와 보상을 주셨습니다. 목회자로서 보람과 행복을 느꼈습니다. 에베소에서 핍박을 견디며 복음을 전했던 날들, 함께 동역

했던 날들을 돌아보고, 또 이렇게 귀한 형제들을 주신 주
님께 깊이 감사드렸습니다.

목사님, 섬기는 교회에서 이임하거나 은퇴할 때 내
가 밀레도에서 경험했던 축복을 누리길 기원합니다. 그
리고 이날의 경험을 통해 목사님에게 당부합니다. 애틋
한 작별을 준비하는 목회를 하십시오. 어떤 모습으로 성
도들과 헤어질까를 생각하면서 목회하십시오.

이 편지의 시작부터 아름다운 작별을 준비하라고 하
는 이유는 그것이 목회자가 바른 목회의 길을 잃지 않게
하는 등대가 될 것이기 때문입니다. 그렇다고 사람의 눈
치를 보거나 그들을 만족시키는 사역을 하라는 뜻은 아
닙니다. 인간적으로 잘 해 주라는 것도 아닙니다. 하나
님과 성도들을 신실하게 섬기면서 얻은 존경과 사랑이
이렇게 애틋한 작별을 가능하게 했음을 알 것입니다.


## 유모가 자기 자녀를 돌봄같이

아름다운 헤어짐의 축복은 그냥 주어지지 않습니다. 주

님을 위해 헌신적으로 일하고 성도들과 투명하게 삶을 나누었을 때 찾아오는 열매입니다. 고별 설교에서 나는 에베소에서 전도하여 교회를 개척하고 목회하는 동안 어떻게 행하였는가를 상기시켰습니다. 목회자가 어떤 자세로 주님을 섬기며 사는가가 신임과 존경을 받는 데 제일 중요한 요소가 됩니다.

> 그들에게 말하되 아시아에 들어온 첫날부터 지금까지 내가 항상 여러분 가운데서 어떻게 행하였는지를 여러분도 아는 바니 곧 모든 겸손과 눈물이며 유대인의 간계로 말미암아 당한 시험을 참고 주를 섬긴 것과 유익한 것은 무엇이든지 공중 앞에서나 각 집에서나 거리낌이 없이 여러분에게 전하여 가르치고 유대인과 헬라인들에게 하나님께 대한 회개와 우리 주 예수 그리스도께 대한 믿음을 증언한 것이라(행 20:18-21).

내가 에베소에서 겸손과 눈물과 핍박 중에도 인내와 담대함으로 "첫날부터 지금까지" 일관성 있게 전도하며 목회해 온 것을 장로들은 보았고 알았습니다. 그런 삶을 보았기에 성도들은 나를 신뢰했고, 우리 사이에는 좋은 관계가 형성되어 있었습니다.

이런 축복은 다스리는 자의 자리에 서지 않고 뜨거운 사랑으로 섬긴 결과로 오는 것입니다. 아첨의 말과 탐심의 탈을 쓰지 않고 순수하고 진실한 삶으로 목회하는 것이 중요합니다.

> 내가 아무의 은이나 금이나 의복을 탐하지 아니하였고 여러분이 아는 바와 같이 이 손으로 나와 내 동행들이 쓰는 것을 충당하여 범사에 여러분에게 모본을 보여 준 바와 같이 수고하여 약한 사람들을 돕고(행 20:33-35).

장로들에게 이렇게 말할 수 있었던 것은 주님의 은혜와 나의 노력이 있었기 때문입니다. 모본을 보이며 목회하여 존경을 얻는 목회자를 주님은 귀하게 보십니다.

나는 여러 지역에 교회를 개척하고 짧은 기간 목회하는 동안 혼신을 다하지 않은 곳이 없었습니다. 내가 복음을 전하기 전까지만 하더라도 성도들은 사회적으로 정죄받지 않고 살았는데, 내가 전한 예수님을 믿고 난 후 그들은 주위 사람들로부터 심한 핍박을 받게 되었습니다. 인간적으로는 미안한 마음이 없지 않았습니다. 그러나 나는 하나님이 주시는 가장 귀한 선물을 전해 주었다는 확신에 차 있었습니다. 감사하게도 그들은 새로운 신앙과 진리를 듣고 받아들였습니다. 살아 계신 하나님의 자녀가 되었고, 죄 용서함을 받고 영생을 선물로 받았고, 자신들의 이름이 하늘 나라 생명책에 기록된 것을 확신하게 되었습니다.

그러기에 그들이 하나님께 소망을 두고 닥친 어려움을 이겨 내길 간절히 기도했습니다. 예수 안에서 얻은 새 생명의 삶이 어떤 것인가 경험하길 원했습니다. 이 소중한 영혼들을 돕는 일이라면 무엇이든 하려는 마음이 생겼습니다. 사도의 자격과 권위를 내려놓고 오히려 섬기는 자가 되어야 한다는 생각이 가득했습니다. 하나님의 자녀가 된 그들에게 권위를 내세우거나 대접을 받으려 해서는 절대로 안 될 것 같았습니다.

특히 데살로니가에서 개척하고 잠시 목회하는 동안 주님이 그런 마음을 넘치게 부어 주셨습니다. 그래서 유모가 자기 자녀를 기르는 것같이 유순하고 애틋한 마음으로 갓 믿음을 가진 성도들을 섬겼습니다.

여기 "어미(mētēr)가 자기 자녀를 기름과 같이"라고 적지 않고 "유모(trophos)가 자기 자녀를 기름과 같이"(살전 2:7) 돌보았다는 표현을 유념하십시오. 어미는 자기 자식에게 젖을 먹이지만, 유모는 남의 갓난아이에게 젖을 먹이며 돌보는 사람입니다.

부자 여인이 아기를 낳았는데 젖이 잘 나오지 않을 때 돈을 주고 가난한 여인을 불러 자기 아기에게 젖을 먹이게 합니다. 하인이 주인의 아기에게 젖을 먹여야 할 때도 있습니다. 하지만 여인이라 하여 아무 때나 젖이 나오는 것이 아닙니다. 아기를 낳은 여인이라야 합니다. 유모에게도 갓난아이가 있다는 말입니다.

하지만 이 유모는 주인이나 부자의 아기에게 자기 젖을 먹이고 집에 돌아옵니다. 집에는 젖을 먹지 못하고 지쳐 있는 자기 아기가 있습니다. 엄마는 젖을 물리지만 이미 다른 아기가 다 빨아먹어 남은 것이 거의 없습니다. 그래도 자기 아기에게 한 방울이라도 더 먹이려고 온갖 애를 씁니다. 안쓰럽고 미안한 마음으로 허기진 자기 아기에게 모든 것을 쏟아붓습니다.

하나님의 은혜로 나는 이런 심정으로 데살로니가 성도들을 돌보았습니다. 성도들에게 유익한 일이라면 복음뿐만 아니라 목숨을 주는 것도 아깝지 않았습니다.

그런가 하면 아비가 자기 자녀에게 하듯 권면하고 위로하고 경계하여 구속의 은혜를 주신 하나님의 영광과 이름에 합당한 삶을 살도록 독려했습니다(살전 2:11-12). 성도들을 가르쳤지만 스승의 자리보다는 아비의 심정으로 초신자들을 대했습니다.

사람의 마음을 얻기 위해 아첨의 말을 하거나 나의 유익을 위해 탐심의 탈을 쓰지 않았고, 사람에게서 영광을 구하려 하지 않았습니다. 오히려 제자들에게 목숨까지도 주기를 기뻐했습니다. 사도로서 마땅히 권위를 주장할 수 있었지만 아무에게도 폐를 끼치지 않으려고 밤낮 일하면서 복음을 전하고 성도들을 돌보았습니다. 성도들 앞에서 거룩하고 옳고 흠 없는 삶을 살고자 의식적으로 노력했습니다(살전 2:5-12; 고전 9:4-15).

내가 먼저 그렇게 살아야 내가 전하는 하나님의 말씀이 성도들의 심령 속으로 깊이 들어가게 되고, 그들도 변화를 받아 하나님께 합당하게 행할 것이라 확신했기 때문입니다. 감사하게도 성도들은 우리의 삶과 그들을 향한 사랑을 보고 고마워했고 주님을 경외하며 우리를 따라 주었습니다(살전 1:5).

복음을 전하되 간사함이나 부정적 동기나 속임수로 하지 않았습니다. 주님의 일은 정직과 순수함으로 해야 한다고 생각했습니다. 주님을 의식하여 거룩하게 행하고 성도들을 의식하여 흠 없이 살고자 애썼는데, 성도들과 주님이 그런 노력에 증인이 되었습니다(살전 2:3-10). 우리의 삶을 보고 데살로니가 성도들은 "하나님의 말씀을 받을 때에 사람의 말로 받지 아니하고 하나님의 말씀으로 받"았습니다(살전 2:13).

우리 일행은 핍박 때문에 데살로니가에 오래 있지 못하고 믿음이 어린 성도들을 두고 급히 떠나야 했습니다. 그래서 늘 데살로니가 성도들이 간절히 보고 싶었습니다. 몸은 떠나 있었으나 마음은 항상 그들과 함께 있었습니다. 늘 성도들을 생각하며 기도했습니다(살전 1:2-3, 2:17). 그들을 보러 가려고 힘썼지만 사탄이 길을 막았습니다. 참다못해 디모데를 대신 보냈습니다. 핍박 중에서도 흔들리지 않고 믿음으로 굳건히 서도록 성도들을 도와주라고 당부했습니다(살전 2:17-3:5).

감사하게도 복음이 데살로니가 성도들에게 말로만 이른 것이 아니라 능력과 성령과 큰 확신으로 되었다는 증거들이 나타났습니다(살전 1:5). 디모데가 다녀와서 전해 준, 성도들이 많은 환난 가운데서도 성령의 기쁨으로 충만하고(살전 1:6) 나를 간절히 보고 싶어 한다는 말과 그들이 보내 준 헌금으로 큰 위로를 받았습니다. 우리도 고린도에서 궁핍과 환난 가운데 있었기 때문입니다.

성도들과 함께 있던 짧은 기간에 예수님의 제자로서 어떤 삶을 살아야 되는지 가르쳤는데 그들이 잘 행하고 있다고 들었습니다. 형제 사랑에 대해서도, 편지에 언급할 필요도 없을 만큼 잘하고 있다고 칭찬했습니다. 감사한 마음에 그저 더욱 그렇게 행하라고 권면해 주었습니다(살전 4:1, 10).

초신자들이 이렇게 신앙 안에 굳게 서 있다고 들으니 어떤 감사로 하나님께 보답해야 할지 가슴이 벅찼습니다. 개척자와 목회자로서 큰 위로를 받고 보람을 느꼈습니다. 헌신적으로 성도들을 돌보고 섬겼다고 하나님이 주신 위로와 보상이라 생각되었습니다.

목회자가 교세나 행정이나 업적이나 교단 내의 직책이나 심지어 설교로 존경을 받는 경우는 종종 있습니다. 그러나 목회자가 삶과 신앙의 모습으로 본을 보임으로 성도들에게 끝까지 사랑과 진정으로 존경을 받는 것은 쉽지 않은 일입니다. 나의 경험을 통해 볼 때, 성도들에게 대접을 받기보다 사랑으로 섬기며, 옳지 않은 일은 엄히 질책하며, 하나님 앞에서 경건을 지키며, 복음을 확신하여 진지하게 전하는 삶을 살 때 성도들은 목회자를 진심으로 따를 것입니다.

그런 신뢰와 존경이 아름답고 감사한 관계의 비결입니다. 또한 이런 모습이 진정한 목회자와 성도의 모습입니다. 헤어질 때 서로 아쉬워하게 될 것이고, 떨어져 있으면 보고 싶어질 것입니다. 특히 헤어질 때 성도들과 나누는 관계를 보면 어떤 목회의 길을 걸어왔는지 거의 확실하게 짐작할 수 있습니다.

목사님, 이임이나 은퇴할 때 어떤 모습으로 헤어질지 생각해 보고 아름답고 애틋한 작별을 준비해 보십시오. 그 준비는 지금의 목회 현장에서부터 시작됩니다.

**2**

성품과
영성으로
　목회하십시오

귀스타브 도레, 〈감옥 안의 바울〉(1886)

예수님은 성품과 영성으로 가르치셨습니다. 그분의 모습 자체가 메시지였습니다. 바울은 감옥에 갇혀서도 감사하며 기뻐했고, 거기서 편지를 쓰면서도 예수 그리스도의 마음을 품으라고 당부했습니다. 예수님과 바울이 가졌던 성품과 영성을 어떻게 본받고 또 목회 현장으로 옮겨올 수 있을지 고민하며 기도하게 됩니다.

수고하고 무거운 짐 진 자들아 다 내게로 오라 내가 너희를 쉬게
하리라 나는 마음이 온유하고 겸손하니 나의 멍에를 메고 내게 배
우라 그리하면 너희 마음이 쉼을 얻으리니

 

불신자들에게 열심히 전도하여 교회를
개척하는 것은 놀라운 일이고, 주님이 크게 기뻐하실 일
입니다. 물론 쉽지 않고 많은 눈물과 기도와 노력이 필
요합니다. 그런데 개척보다 더 힘들고 중요한 것은 개척
된 교회를 아름다운 공동체로 유지하고 성장시키는 일
입니다. 이것은 하나님의 은혜가 있어야 되지만 목회자
의 성품과 영성과 직결되어 있습니다. 목회자에게 있어

서 성품의 중요함은 아무리 강조해도 지나침이 없을 것입니다.

다시 말씀드리지만 목회의 성패는 목회자의 영성과 성품에 달려 있습니다. 성품과 영성이 가장 강력한 목회 비결입니다. 예수님의 지혜와 성품을 닮아 가는 것이 영성입니다. 예수님은 성품으로 가르치셨고 하나님의 뜻을 이루셨습니다. 베드로는 믿음, 덕, 지식, 절제, 인내, 경건, 형제 우애, 사랑 등 예수님의 여덟 가지 신성한 성품에 참여하라고 권면했습니다(벧후 1:3-11). 나도 사랑, 희락, 화평, 오래 참음, 자비, 양선, 충성, 온유, 절제는 성령을 모시고 사는 사람이 맺어야 할 열매요 성품이라고 강조했고(갈 5:22-23), 예수님을 본받아 성품과 영성으로 목회하려고 노력했습니다.

기술과 인터넷과 AI(인공지능)가 발전할수록 인격적 목회를 하는 일이 더욱 어려워질 것 같지만, 그렇기에 역설적으로 인격과 성품이 원숙한 목회자를 더 필요로 하고 있습니다. 그 어느 때보다도 목회자의 정직과 신실과 성실이 목회의 가장 중요한 요소로 부각되고 있습니다. 영성을 심화시키는 것이 목회의 중요한 기반입니다. 목

회자는 자신의 영성으로 성도들의 영성을 키워 주어야
하는 자리에 있습니다. 성도들에게 목사님이 자신을 영
적으로 성장시켜 줄 것이라는 신뢰가 있어야 합니다.

인격과 영성의 형성과 증가를 위해서는 시간이 걸리
고 반복적인 가르침이 필요합니다. 성품과 영성은 시험
을 쳐서 점수를 매길 수 있는 것도 아닙니다. 정확히 측
정하기가 거의 불가능합니다. 그럼에도 불구하고 중요
합니다. 결코 가볍게 보아서는 안 됩니다.


## 모든 행실에 거룩하도록


그리스도인이라면 누구나 경건하게 살아야 하지만 목회
자의 경우는 더욱 그렇습니다. 그래서 디모데 목사에게
"경건에 이르도록 네 자신을 연단하라", "젊은 여자에게
는 온전히 깨끗함으로 자매에게 하듯 하라", "부끄러울
것이 없는 일꾼으로 인정된 자가 되라", "늘 깨끗하여 귀
히 쓰는 그릇이 되라", "청년의 정욕을 피하라"고 권면했
습니다(딤전 4:7, 5:2, 6:11-14; 딤후 2:15, 20-22).

목회자는 "하나님을 두려워하는 가운데서 거룩함을 온전히 이루어 육과 영의 온갖 더러운 것에서 자신을 깨끗하게" 해야 합니다(고후 7:1). 우리를 부르신 하나님이 거룩하신 것처럼 우리도 모든 행실에 거룩한 자가 되어야 합니다(벧전 1:15-16).

목회자는 하나님과의 관계나 자신의 신앙생활이 노출되는 경우가 많습니다. 목회자와 그 가족은 어항 속의 물고기같이 다른 사람들에게 보여집니다. 어떤 말을 하는지, 어떻게 인내하는지, 무엇을 중요하게 생각하는지, 인간관계는 어떻게 하는지가 관심의 대상이 됩니다. 그러다 보니 실제를 가리고 살 위험과 유혹이 늘 존재합니다. 하지만 부족한 삶을 포장하고 사는 데는 한계가 있습니다. 목회자에게는 여호와를 경외하는 모습과 실제가 있어야 합니다. 정치, 쇼핑, 명품, 스포츠, 휴가, 여행에 대해 자주 얘기하거나 과도한 잡담이나 농담도 삼가야 할 것입니다.

나는 디모데에게 "경건에 이르도록 네 자신을 연단하라"고 권면했습니다(딤전 4:7). "누구든지 네 연소함을 업신여기지 못하게 하고 오직 말과 행실과 사랑과 믿음과 정절에 있어서 믿는 자에게 본이 되"라고 했습니다(딤전 4:12).

목회자는 가르치는 사람입니다. 나이가 어려도 그런 직분을 하나님으로부터 받았기 때문에 그 역할을 성실히 감당해야 합니다. 어린이와 청년과 중장년은 물론 나이 많은 성도까지 여러 연령층을 가르쳐야 합니다(딛 2:1-6). 중요한 것은 목회자 자신이 선한 일에 모본을 보이며 매사에 단정하여 책망받을 일이 없어야 한다는 것입니다. 지식과 정보로 가르치기보다 자신의 신앙과 성품을 통하여 가르친다면 나이가 어려도 훌륭한 목회자가 될 수 있습니다.


## 무엇보다 겸손

기독교가 로마 제국에서 공인되어 중세를 거치는 동안 성직자가 상당한 지위를 갖게 되면서 권위주의적으로 성도들 위에 군림한 경우가 많았습니다. 지금도 각 나라의 문화나 전통이나 개인의 스타일에 따라 권위주의적인 목회자들이 있습니다. 그러나 권위적 목회가 통하는 시대는 지나갔습니다.

이것은 원래부터 예수님이 기뻐하시는 목자의 모습이 아닙니다. 주님은 사역자들은 세상 집권자들같이 남을 임의로 주관하고 권세를 부려서는 절대로 안 되고, 오히려 섬기는 자가 되어야 한다고 하셨습니다. 당신도 섬김을 받으러 오지 않고 도리어 목숨까지 줄 만큼 섬기러 왔고(마 18:4; 막 10:42-45), "나는 섬기는 자로 너희 중에 있노라" 하셨습니다(눅 22:27). 남을 섬기며 자기를 낮추는 자가 천국에서 큰 자라 하셨으니 섬김의 리더십을 계발하십시오.

주님은 "나는 마음이 온유하고 겸손하니 나의 멍에를 메고 내게 배우라" 하셨습니다(마 11:29). 목회자가 자신의 실수에 관대하다 보면 정직하고 겸손하지 못할 경우가 많습니다. 목회자가 정직과 겸손의 삶을 산다면 권위적으로 보이지 않을 것이고, 그러면 직위와 직책이 주는 권위가 아닌 진정한 영적 권위를 성도들이 인정해 줄 것입니다. 성직자로서 권위는 있어야 하지만 권위주의적이어서는 안 됩니다. 권위는 주장하여 얻어지는 것이

아니라 겸손과 희생으로 남을 섬길 때 그들이, 무엇보다
도 주님이 인정해 주셔야 주어집니다.

나는 겸손을 목회자에게 필요한 첫 번째 성품으로
생각합니다. 겸손이 예수님의 가장 중요한 성품이기 때
문입니다. 그래서 빌립보 성도들에게 예수님의 겸손을
본받으라고 강조했습니다. "너희 안에 이 마음을 품으라
곧 그리스도 예수의 마음이니"(빌 2:5)라는 말로 시작하
면서 주님의 겸손을 상기시켰습니다.

그는 근본 하나님의 본체시나 하나님과 동등 됨을 취할
것으로 여기지 아니하시고 오히려 자기를 비워 종의 형체
를 가지사 사람들과 같이 되셨고 사람의 모양으로 나타나
사 자기를 낮추시고 죽기까지 복종하셨으니 곧 십자가에
죽으심이라(빌 2:6-8).

빌립보서 2장 6-11절 말씀이 이미 초대 교회의 신앙
고백으로 있었는데 내가 인용했다는 학자들이 있습니
다. 중요한 것은 내가 이 말씀을 적으면서 이런 신앙을
고백했다는 것입니다. 이 본문은 기독론의 대표적 구절

로 간주됩니다. 유념해야 할 것은 내가 이 말씀을 기록한 목적이 기독론을 고백하거나 가르치기 위한 것이 아니라, 빌립보 성도들에게 겸손하라고 권면하면서 예수님의 겸손을 예로 든 것이라는 점입니다.

> 마음을 같이하여 같은 사랑을 가지고 뜻을 합하며 한마음을 품어 아무 일에든지 다툼이나 허영으로 하지 말고 오직 겸손한 마음으로 각각 자기보다 남을 낫게 여기고 각각 자기 일을 돌볼뿐더러 또한 각각 다른 사람들의 일을 돌보아 나의 기쁨을 충만하게 하라 너희 안에 이 마음을 품으라 곧 그리스도 예수의 마음이니(빌 2:2-5).

신성을 가지신 하나님 자신이 인간의 몸을 입고 이 땅에 오셨습니다. 사람 중에서도 가장 신분이 낮은 종(노예)의 자세를 가지셨습니다. 여러 종류의 형벌 중에서도 가장 고통스럽고 치욕스런 십자가 죽음을 마다하지 않으셨듯 그분은 겸손하셨습니다. 마귀는 올라가려고 합니다. 하나님같이 되고자 하고 모든 사람 위에 군림하고자 합니다. 예수님은 하늘 보좌에서 내려오셨습니다.

"인자가 온 것은 섬김을 받으려 함이 아니라 도리어 섬기려 하고 자기 목숨을 많은 사람의 대속물로 주려 함이니라" 하셨습니다(막 10:45).

온 백성이 의와 구원을 베푸실 왕으로 대대적으로 환영할 때에도 주님은 크고 번듯한 백마보다 나귀 새끼를 타고 예루살렘에 들어가셨습니다. 가룟 유다를 포함하여 제자들의 발을 직접 씻겨 주셨습니다. 오병이어의 기적을 베푸신 후에 사람들이 임금으로 삼으려는 줄 아시고 군중 속으로 몸을 숨기셨습니다. 자기를 감출 때를 아셨습니다. 온 천지 만물을 창조하시고 소유하고 계셨지만 이 땅에서 머리 둘 곳 없이 가난하게 사셨습니다. 제자들과 같이 먼지 나는 길을 걸어 다니셨고 특별한 대접을 요구하거나 받지 않으셨습니다.

제자들 사이에 누가 더 크냐 하는 문제로 다툼이 일어났을 때 주님은 크고자 하는 자는 섬기는 자가 되어야 한다고 강조하셨습니다(마 20:26; 막 10:43). 선생이나 지도자라 칭함을 받으려 하지 말라고 가르치셨습니다(마 23:8, 10; 약 3:1).

그래도 목회자는 부득불 가르치는 선생이요, 한 공

43

동체의 지도자입니다. 주님의 말씀은 그런 지위를 당연히 여기거나 주장하는 자세를 갖지 말라는 뜻입니다. 오히려 하나님을 두려워하고 사람들에게는 겸손한 마음으로 선생과 지도자의 역할을 감당하라는 의미입니다. 자기를 높이는 자는 낮아지고 자기를 낮추는 자는 높아지리라 하셨습니다. 먼저 상석에 앉지 말라 하셨습니다. "나는 마음이 온유하고 겸손하니 나의 멍에를 메고 내게 배우라" 선포하신 주님으로부터 배우십시오(마 11:29).

가르치는 사역이 일상인 목회자가 명심해야 할 예수님의 말씀이 있습니다. 주님은 "누구든지 이 계명 중의 지극히 작은 것 하나라도 버리고[행하지 않고] 또 그같이 사람을 가르치는 자는 천국에서 지극히 작다 일컬음을 받을 것이요 누구든지 이를 행하며 가르치는 자는 천국에서 크다 일컬음을 받으리라"(마 5:19) 말씀하셨습니다.

선생들 중에 두 부류가 있는데, 행하지 않고 가르치는 사람이 있고, 행하고 가르치는 선생이 있다고 하십니다. 이들의 공통점은 가르치는 자리에 있다는 것이요, 차이는 가르치기 전에 행함이 있는가의 여부입니다. 그 결과의 차이는 엄청납니다. 천국에서 지극히 작거나 크다는 주님의 평가를 받습니다.

목사님, 목사님은 가르치는 자리에 있습니다. 가르침의 기준은 내 삶이 아니라 주님의 말씀입니다. 주님의 말씀을 다 행하고 가르치기는 불가능합니다. 따라서 다 행하지 못하고 가르치고 있기에, 또는 가르치는 것만큼 행하지 못하고 있기에 천국에서 지극히 작다 일컬음을 받을 것임을 알아야 합니다. 그렇게 생각하면 겸손할 수밖에 없을 것입니다.

지식이나 통찰력을 과시하거나 스스로 선생이고 지도자라고 우쭐한 마음을 가져서는 안 됩니다. 교만이나 위선의 함정에 빠지면 안 됩니다. 오히려 가르치는 것만큼 행하지 못하고 있으므로 천국에서 가장 작은 자로 여김을 받을 것이라는 사실을 명심하고 겸손한 마음으로 목회자의 역할을 감당해야 합니다(마 5:19).

죄 가운데 살았던 자신의 과거는 물론, 여전히 말과 태도에서 부족한 현재의 모습을 솔직하게 주님 앞에서 비추어 보아야 합니다. 나는 교회를 핍박했던 나의 과거를 잊지 못했습니다. 물론 예수님이 용서해 주셨고 사도의 직분까지 주셨습니다만, 그 은혜에 감사하면서도 동시에 늘 나 자신을 돌아보았습니다.

그래서 사도 중에 가장 작은 자요, 아예 사도의 반열에 들 자격조차 없는 사람이라고 가슴에 새겼습니다. 그 후 "모든 성도 중에 지극히 작은 자보다 더 작은 나"라고 생각하다가 나중에는 죄인 중에 괴수라 생각하며 살았습니다(고전 15:9; 엡 3:8; 딤전 1:15). 시간이 흐를수록 나를 더 작게 보았습니다. 그래서 오직 하나님의 은혜에 감사하고 감격하여 더욱 충성하며 살려고 노력했습니다.

사도들의 권위로 왔다며 교회들을 훼방하는 유대주의자들을 반박하기 위해 부득이 "나는 지극히 크다는 사도들보다 부족한 것이 조금도 없는 줄로 생각"한다고 반복했지만, 교만한 마음에서 그렇게 말한 것은 아니었습니다. 거짓 사도들의 정체를 드러내기 위해 굳이 나를 자랑해야 할 때는 약한 것을 자랑했습니다(고후 11:5, 12:11-12).

목회자는 겸손해야 합니다. 겸손하면 참을 수 있고 용서할 수 있습니다. 남을 나보다 낮게 여길 수 있고 양보할 수 있습니다. 남을 배려할 수 있고 경청할 수 있습니다. 자기를 부인할 수 있습니다. 오해나 비난을 받아도 격분하지 않고 기다리거나 차분히 해명할 수 있습니다. 온유한 마음을 가질 수 있습니다. 연합할 수 있고 배울 수 있습니다. 야망과 욕심을 내려놓을 수 있습니다. 주의 종은 싸우지 않습니다(딤후 2:23). 억울한 비판을 받아도 명철한 자는 잠잠합니다(잠 11:12). 모욕과 저주까지도 삼킵니다(삼상 10:27; 삼하 16:11).

비판을 어떻게 받아들이는가는 지도자의 성숙을 보여 주는 잣대가 됩니다. 나는 비난과 비판을 수없이 받았습니다. 그러나 판단받는 일을 매우 작은 일로 받아들였습니다(고전 4:3). 비판받을 때 변명하려고 애쓰지 않는 것이 좋습니다. 대신 하나님 앞에서는 시편 기자같이 그 억울함을 얼마든지 토해도 괜찮습니다. 그러나 사람들 앞에 토해서는 안 됩니다. 어려움은 변장된 축복일 수도 있기에 목회자는 침묵의 위엄을 지켜야 합니다. 모든 것을 아시는 하나님이 선히 인도해 주실 것입니다.

목회하다 보면 실수할 때가 있습니다. 그때는 속히 잘못을 인정하고 죄송하다고 말해야 합니다. 지적을 받았을 때도 과도한 설명이나 변명보다는 "생각이 짧았습니다", "지적해 주어 고맙습니다"라고 말할 수 있어야 합니다. 그래도 체면을 잃지 않을 것입니다. 오히려 성도들은 성찰하는 마음의 여유를 가진 목회자를 존경하게 될 것입니다.

목회자가 대접을 받는 환경에 익숙해지다 보면 감사하다는 말을 빠뜨릴 때가 있는데, 진심을 담아 구체적 내용으로 감사의 말을 하는 것을 잊지 마십시오. 겸손은 모든 그리스도인이 지녀야 할 중요한 성품인데, 목회자에게는 더욱 그렇습니다. 겸손하면 정직할 수 있습니다. 겸손과 정직은 같은 동전의 양면인데, 이것은 목회자가 꼭 갖추어야 할 두 가지 덕목입니다(고후 4:2, 7:2, 8:21).

예수님의 인격을 본받아 사는 것이 목회와 그리스도인의 삶의 본질입니다. 목회자는 섬김을 받거나 군림하라고 목회자의 직분을 받은 것이 아닙니다. 겸손으로 하나님의 백성을 가르치며 예수님의 교회를 돌보라고 부름을 받았습니다. 주님뿐 아니라 성도의 종으로 부르심을 받았습니다(고후 4:5).

담임 목회자가 교회에서 가장 높은 지위에 있는 사람이 아닙니다. 목사는 기능이지, 지위가 아닙니다. 말씀과 기도에 전념하여 교회의 영적 온도를 유지하고, 신앙의 방향을 제시하고, 모본의 삶으로 성도들을 섬기며 이끄는 역할을 감당하는, 교회라는 몸의 한 지체입니다.

중세 가톨릭의 영향으로 목사는 성직자, 성도는 평신도라 하여 교회 안에서 신분의 차등성이 주어졌습니다. 성직자는 우월감을 갖고, 평신도는 열등감을 가져왔던 것이 사실입니다. 평신도는 수동적이 되고 사역에 거의 참여하지 못했습니다. 이것은 성경적이지 않습니다. '이신칭의'와 함께 종교개혁의 양대 기둥 중 하나가 '만인제사장설'입니다(벧전 2:9). 성직자, 평신도 구분 없이 모두 제사장이라는 사실입니다.

나의 핵심 신학 중 하나가 동등성입니다. 유대인과 이방인, 남자와 여자, 자유자와 노예, 성직자와 평신도, 본국인과 이주민, 비장애인과 장애인, 고학력자와 저학력자, 사장과 사원이 모두 그리스도 안에서 동등합니다 (롬 10:12; 고전 12:13; 갈 3:28; 골 3:11).

더 나아가 몸에서 보이지 않고 연약하고 작은 지체들이 더 귀하고 아름답듯이, 교회에서도 그런 지체들을 더 귀히 대접해 주어야 합니다. 권세 있는 신분이나 직무를 가진 성도들을 우대해 주고, 연약한 성도들을 억울하게 하는 일은 없어야 합니다. 오히려 목회자가 나서서 동등성을 가르치고 교회에서 연약한 자들의 편이 되고 대변하는 자리에 있어야 하겠습니다.

유대인들은 세리, 창녀, 나병 환자, 귀신 들린 자, 이방인을 사람 취급하지 않았습니다. 그러나 예수님은 그들을 따뜻이 맞아 주시며 사람 대우를 해 주셨고 그들을 위해 목숨을 버리셨습니다.

목회자는 교회라는 몸에서 어떤 부분일까요? 설교를 하니 입일까요? 입이라면 가장 중요한 부분일까요? 굳이 그렇지 않을 수도 있습니다. 목회자나 성도나 모두 성령을 모시고 있는 성령의 전(殿)이어서 누가 우월하고 누가 열등한 것이 아닙니다. 목회자의 우월의식부터 없어져야 합니다. 목회자도 그리스도의 몸인 교회에서 한 부분을 담당하고 있을 뿐임을 자각하고, 다른 지체들을 존중하여 돕기도 하고 도움을 받기도 해야 합니다. 기도를 부탁하고, 자문을 구하고, 경청할 수 있어야 합니다.

목회자가 중요한 부분을 감당하는 것은 사실입니다. 담임 목회자만큼 교회에 대해 전체적으로 관심 갖고 염려하는 사람은 드물 것입니다. 주님이 그 수고를 아십니다. 하지만 그 직분으로 군림하거나 권위적이어서는 안 됩니다. 평신도와 기능상 차이는 있지만 신분상 차이는 없다는 것을 인식해야 합니다. 성도들을 목회자의 말을 잘 듣는 심부름꾼으로 전락시켜서는 안 됩니다. 장로, 집사 같은 직분자들을 세울 때에도 성경적 원리와 개개인의 신앙의 성숙도를 따라 세워야 합니다. '정치적 고려'로 사회적, 신분적 요소를 따라 세운다면 결국 교회는 어려움을 겪게 될 것입니다.

교리적 교만에 빠져서도 안 됩니다. 바리새인들은 헤롯당과 함께 어떻게 예수님을 죽일까 의논했습니다. 자기들이 옳다는 확신에 빠져 있었고, 더 나아가서는 종교적 기득권을 지키려 했습니다. 유대주의자들도 이방 성도들이 율법을 지켜야 한다는 자신들의 교리적 교만에서 나를 괴롭히고 이방 교회들을 훼방했습니다.

현대 교회도 서로 복음주의, 보수 신학이라면서 다른 교단이나 그에 속한 사람들을 용납하지 못하는 경우가 많습니다. 내가 속한 교단의 교리가 제일 바르다는 확신을 갖거나 종교적 기득권을 지키려고 무리하게 행동하다가 부지중에 하나님의 길을 막는 역할까지 할 수 있으므로 조심해야 하겠습니다. 겸손하고 열린 마음으로 성경을 상고하고 다른 사람들의 주장에 귀를 기울일 수 있어야 하겠습니다.

## 높임을 받는 일에 대해

스스로 높아지려는 마음을 가지면 안 되지만 남들이 나를 높여 줄 때 그것을 즐기거나 묵인해서도 안 됩니다. 유능한 지도자로, 주님의 신령한 종으로 신적 대접을 받으며 은근히 즐기는 일은 절대 없어야 됩니다. 섬김을 받는 것도 마찬가지입니다. 모든 성도에게 해당되는 말이지만, 특히 목회자가 유념해야 합니다.

성령의 역사하심으로 루스드라에서 날 때부터 걷지 못하는 사람을 예수님의 이름으로 일어서 걷게 한 적이 있습니다. 현지인들은 바나바와 나를, 제우스와 헤르메스 신이 내려왔다며 열광적으로 기뻐하며 대접하려 했습니다. 황소들을 가져다 우리에게 제사를 지내려 했습니다(행 14:8-18).

어떤 면에서 최고의 전도 기회가 다가온 것 같았습니다. 신으로 대접받으며 복음을 전했으면 죽도록 돌에 맞는 일 없이 복음을 전하고 아주 많은 루스드라 사람들을 예수님께 인도했을지도 모릅니다. 그러나 남들이 우리를 높이려 할 때 이것부터 막는 것이 사역보다 중요하다고 판단했습니다. 잘못 투영된 우리의 모습으로 복음을 전해서는 안 될 것이었습니다.

고린도에서도 사도로서 마땅히 섬김과 대접을 받을 권리가 있었습니다. 그러나 우리는 그런 권리를 주장하거나 섬김을 기대하지 않았습니다. 부르심을 받은 대로 복음을 전하는 데 아무 장애가 없게 하려고 사도로서 가진 마땅한 권리를 쓰지 않고 범사에 참으며 복음을 값없이 전했습니다(고전 9:12, 15, 18).

복음을 전하며 주님을 섬기는 일은 희생이 아닙니다. 헌신도 아닙니다. 주님이 은혜로 주신 구원에 대한 당연한 감사와 보답일 뿐입니다. 사역자는 그런 마음 자세를 가져야 합니다. 목회할 때 인정과 감사와 대접을 다 받지 않는 것이 오히려 좋습니다. 복음의 진보를 위하여 마땅히 누릴 수 있는 권리까지도 포기하는 것이 좋습니다. 주님이 보시고 아시기 때문입니다. 이 모든 것은 주님을 위해 살고 그분이 맡기신 영혼들을 섬기며 사역하겠다는 확실한 자세가 있을 때 가능합니다.

하지만 이런 삶은 쉽지 않습니다. 주님이 주신 은혜와 마음은 사람 눈에 잘 보이지 않기 때문입니다. 그래서 성도들 중에는 목회자를 무시하고 대적하는 사람들도 있습니다. 그래도 목회자는 자기를 변호하거나 변명하지 않는 것이 좋습니다. 변명하다 보면 사실이라 하더라도 성도에게 비난이 가게 되는 경우가 생길 수 있습니다. 성도의 체면이 깎이더라도 내 얼굴을 세울 것인가, 내 명예가 깎이더라도 성도를 보호해 줄 것인가를 생각해야 합니다. 후자가 낫습니다. 그래서 말을 하지 않고 침묵의 위엄을 지켜야 하는 경우가 많습니다. 그냥 당하는 수가 많습니다. 그래도 할 수 없습니다. 하지만 주님이 보고 계십니다.

나도 그러다 보니 하나님 앞에서 눈물을 흘린 적이 많았고, 어떤 때는 성도들 앞에서도 그랬습니다. 에베소 장로들을 밀레도에서 다시 만났을 때 나는 에베소에서 모든 겸손과 눈물로 시험과 핍박을 참고 주님을 섬기며 복음을 전한 것을 상기시켰습니다. 뿐만 아니라 성도들을 훈계할 때에도 권위보다는 눈물로 했습니다. 대신 회개할 자로 생각하고 사랑과 인내로 훈계하려니 안타까운 마음에 눈물이 절로 났습니다(행 20:19-20, 31).

고린도 성도들에게 '눈물의 편지'를 쓸 때에도 성도들을 혼내려던 마음을 바꾸어 고린도에 곧바로 가지 않고 대신 절절한 마음을 편지에 담아 보냈습니다. 그랬더니 두 번째 방문 때 직접 가서 호통을 쳤을 때보다 오히려 더 좋은 결과가 있었음을 디도를 통해 듣게 되었습니다(고후 2:4, 7:6-9).

하나님이 잠언을 통하여 교만하지 말고 겸손할 것을 반복적으로 말씀하신 것을 명심하고 실천해야 하겠습니다.

교만은 패망의 선봉이요 거만한 마음은 넘어짐의 앞잡이니라 겸손한 자와 함께하여 마음을 낮추는 것이 교만한 자와 함께하여 탈취물을 나누는 것보다 나으니라(잠 16:18-19).

사람이 교만하면 낮아지게 되겠고 마음이 겸손하면 영예를 얻으리라(잠 29:23).

교만한 마음을 품지 말고, 도리어 두려워하십시오(롬 11:20, 새번역).

거만한 눈과 오만한 마음을 갖지 말아야 합니다. 자신을 냉정히 판단하여 자신의 진면목 이상으로 생각하지 않아야 합니다. 목회자는 높은 데 마음을 두지 말고 도리어 낮은 데 두어야 합니다(롬 12:3, 16; 약 4:6, 10). 거룩한 일에 종사하는 하나님의 종이라는 내면의 특권 의식을 가져서도 안 됩니다. 예수님의 십자가 외에는 아무것도 자랑할 것이 없어야 합니다(갈 6:14).

사역보다 중요한 것이 겸손입니다. 아무리 크게 사역한다 해도 남들의 높임을 용납하면 안 됩니다. 교단이나 교계나 교회에서 지위와 영향력을 갖게 되었을 때도 마찬가지입니다. 스스로 높아지려 하지 말아야 할 뿐만 아니라 남들이 말이나 대접으로 나를 높이는 것을 허용해서도 안 됩니다. 오히려 지혜롭게 배격해야 합니다.

부드럽게 거절하더라도 마음은 단호해야 합니다. 하나님의 영광을 조금이라도 취하면 안 되는 것은 물론, 인간적인 섬김과 영광도 즐겨서는 안 되겠습니다. 섬김을 자주 받다 보면 감각이 무디어져서 당연하게 생각될 수 있으므로 예민하게 조심하십시오.

## 변함없이 노력하며

목회자는 진실하고 성실해야 합니다. 맡은 자들에게 구할 것은 충성입니다(고전 4:2). 목회자의 삶과 사역은 자신의 것이 아닙니다. 책임을 맡았으나 주인이 아니라 관리인(steward)입니다. 특별히 주님의 교회를 돌보며 섬기는 책임을 부여받았습니다. 변함없이 죽도록 충성해야 하겠습니다. 주님의 일이기에 작은 것도 소홀히 하지 않고 전심전력해야 합니다. 사역자는 현실에 안주하며 적당히 살아가면 안 됩니다. 나는 고린도 성도들에게 이렇게 권면했습니다.

내 사랑하는 형제들아 견실하며 흔들리지 말고 항상 주의 일에 더욱 힘쓰는 자들이 되라 이는 너희 수고가 주 안에서 헛되지 않은 줄 앎이라(고전 15:58).

이 권면은 사역자에게 먼저 해당됩니다. 모든 것이 하나님께 달린 듯 기도하고 모든 것이 내게 달린 듯 노력해야 합니다. 목회자는 여러 계층의 사람들을 영적으로, 사회적으로 도와야 하는 자리에 있으므로 끊임없이 연구하여 자기 계발에 매진해야 하겠습니다. 성품과 자질 향상을 위해 부단히 노력해야 합니다.

디모데에게 "네 직무를 다하라"(딤후 4:5)고 한 것은 맡은 일을 충실히 하라는 말이었습니다. 성실은 꾸준한 실행력을 말합니다. 자신을 성찰하는 목회자, 시대적으로 요긴한 일에 쓰임을 받으려는 목회자, 현직에 충실하고자 외골수의 길을 가는 목회자가 필요합니다.

목회를 직업으로 생각하면 안 되고 직업적으로 목회해서도 안 됩니다. 목회에 심장과 혼을 쏟아부어야 합니다. 천지의 주재이신 하나님과 그분이 사랑하시는 영혼들을 위해 일하도록 부르심을 받았기 때문입니다. 푯대를 향하여 끝까지 잘 달려야 합니다. 선 줄로 생각하다가 넘어질 수 있으니 주님께 돌아가는 순간까지 경성하십시오(고전 10:12).

쉬운 목회는 없습니다. 목회자로서 마땅한 감사와 인정을 못 받을 때가 많습니다. 억울한 측면도 없지 않습니다. 하지만 오히려 당연하게 여겨야 하겠습니다. 예수님도 인정을 받지 못하셨습니다. 나도 힘들고 어려운 날이 그렇지 않은 날보다 훨씬 많았습니다.

지금 성경에 내가 쓴 서신들이 많이 들어 있고, 사도행전에서 나의 사역을 알려 주니 내가 많은 존경과 인정을 받으며 사역한 줄 생각하는 분들이 많을 것 같습니다. 하지만 그렇지 못했습니다. 오히려 "지금까지 세상의 더러운 것과 만물의 찌꺼기같이 되었"습니다(고전 4:13). 그나마 특권과 자랑거리가 될 수 있었던 것들은 내가 먼저 스스로 배설물로 여겼습니다(빌 3:4-8).

내가 무엇을 내려놓았다고 과시하는 것이 아닙니다. 주님이 주신 축복과 사명을 생각하면 무엇이든 내려놓을 수 있고, 그러는 것은 당연한 것입니다. 거룩과 겸손과 진실로 주님과 성도들을 섬기는 목회자가 되길 축복합니다.

# 3

신앙과 삶의
모본으로
　　　목회하십시오

율리우스 슈노르 폰 카롤스펠트, 〈로마에 도착한 바울〉(1860)

"내가 그리스도를 본받는 자가 된 것같이 너희는 나를 본받는 자가 되라"(고전 11:1). 나
도 성도들에게 "내가 그리스도와 바울을 본받는 자가 된 것같이 너희는 나를 본받는 자
가 되라"고 말할 수 있도록 신앙과 삶의 모본으로 목회하게 해 주시옵소서.

내가 그리스도를 본받는 자가 된 것같이 너희는 나를 본받는 자가 되라

목회자는 모본 된 삶을 살아야 합니다. 주님 사랑, 충성, 헌신, 형제 사랑, 거룩, 선행, 전도, 기도, 말씀 묵상과 실천의 영역에서 모본을 보여야 합니다. 전하고 가르치는 바를 삶으로 살아 내야 합니다. 그래야 가르치는 것이 생명력 있게 전달되고 변화를 이끌어 냅니다.

목사님의 삶이 가장 큰 영향을 주는 '설교'라는 것을 명심하기 바랍니다. 예수님의 가르침에 생명력이 있었던 것은 먼저 행하시고 후에 가르치셨기 때문입니다(행 1:1). 사도 요한도 보고 들은 바를 전한다며 주님의 행하심을 본 것을 먼저 언급했습니다(요일 1:3). 주님은 십자가를 질 각오를 먼저 천명하신 후 "누구든지 나를 따라오려거든 자기 십자가를 지고 나를 따르라"고 하셨습니다. 제자들의 발을 친히 씻기시고 "너희도 내가 한 것같이 겸손한 마음으로 서로를 섬기라"고 하셨습니다. 기도와 전도를 강의실에서 먼저 가르치지 않으셨습니다. 혼자 기도하고 전도하는 모습을 먼저 여러 번 보이시다가 제자들에게 가르쳐 주셨습니다.

내가 선교 사역을 하는 중 많은 어려움과 핍박을 극복할 수 있었던 것은 부끄러움을 개의치 않으시고 십자가 고난을 감당하신 예수님의 모본을 따랐기 때문입니다(히 12:2). 연합과 온유와 관용과 겸손과 용서도 모두 주님의 삶에서 보고 배운 것입니다. 나도 주님을 따라 살려고 노력했고 나중에 편지로 성도들에게 같은 권면을 했습니다(롬 15:5; 고후 10:1; 빌 2:5; 골 3:13).

예수님은 서기관과 바리새인 같은 율법교사들이 지기 어려운 짐을 백성들에게 지우고 자신들은 한 손가락도 움직이지 않고 오직 "말만 하고 행하지 아니"한다고 질책하셨습니다. 가르치는 자리에 있는 목회자도 이런 오류에 빠질 가능성이 다분하므로 가르치는 바를 삶으로 실천해야 합니다(마 23:3-4, 23; 눅 11:46, 52).

나도 부족한 삶을 살았지만 성도들에게 부끄러움 없이 내 삶을 상기시키며 그나마 권면할 수 있었던 것은 주님의 은혜였습니다. 데살로니가 성도들에게 편지할 때에도 "형제들아 우리의 수고와 애쓴 것을 너희가 기억하리니 너희 아무에게도 폐를 끼치지 아니하려고 밤낮으로 일하면서 너희에게 하나님의 복음을 전하였노라 우리가 너희 믿는 자들을 향하여 어떻게 거룩하고 옳고 흠 없이 행하였는지에 대하여 너희가 증인이요 하나님도 그러하시도다"(살전 2:9-10)라고 썼습니다. 내 편지에 힘이 실렸다면 그것은 성도들이 보고 아는 내 삶을 근거로 얘기했기 때문입니다(살전 2:1, 5, 9, 11).

에베소 장로들에게도 "첫날부터 지금까지 내가 항상 여러분 가운데서 어떻게 행하였는지를 여러분도 아는 바"라고 상기시켰습니다(행 20:18, 33-35).

고린도 성도들에게도 "너희는 나를 본받는 자가 되라", "내가 그리스도를 본받는 자가 된 것같이 너희는 나를 본받는 자가 되라"(고전 4:16, 11:1)고 반복하여 권면했습니다. 빌립보 성도들에게도 말했습니다(빌 3:17, 4:9). 베드로도 양 무리의 본이 되라고 같은 말을 했습니다(벧전 5:3). 무엇이 주님을 위해 사는 것인지, 어떻게 사는 것이 올바른 신앙생활인지 말로 가르치기도 했지만 더 중요하게는 삶으로 보여 주어야 했습니다.

## 영적 권위는 바른 삶에서

주님을 본받아 사는 것이 목회자의 첫 임무입니다. 주님의 제자로서, 가정에서 배우자와 부모로서 모본을 보이는 삶을 살아야 합니다. 그것은 삶의 자세와 내면의 성품과 인격까지를 포함합니다. 목회자는 하나님과 성도들을 의식하며 살고 사역해야 합니다. 하나님께 근심이 되고 성도들에게 걸림돌이 되면 안 될 것입니다.

그런 면에서 내가 목회자인 디모데와 디도에게 성도들에게 모본이 되어야 한다고 당부한 것이 목사님에게 더 적용되리라 생각합니다. 특히 디모데에게 "누구든지 네 연소함을 업신여기지 못하게 하"라고 했습니다. 그런데 이것은 그가 "오직 말과 행실과 사랑과 믿음과 정절에 있어서 믿는 자에게 본이 되"고, "이 모든 일에 전심전력하여 너의 성숙함을 모든 사람에게 나타나게 하라 네가 네 자신과 가르침을 살펴 이 일을 계속하라 이것을 행함으로 네 자신과 네게 듣는 자를 구원하리라"라는 권면을 실천할 때 가능해집니다(딤전 4:12, 15-16; 딛 2:7). 삶의 모본으로 가르치는 것보다 더 효율적인 교육 방법은 없습니다. 목회에서는 더욱 그렇습니다.

진정한 영적 권위는 바르게 살면서 사역할 때 주어집니다. 예수님과 진리를 향한 불타는 열정과 순수함을 가질 때 옵니다. 우리의 존재와 삶과 사역의 자세가 주님과 복음을 향한 반응일 때 주어집니다. 지위나 직책 같은 자리가 권위를 주는 것이 아니라 목회자의 삶이 진정한 권위를 가져다줍니다. 예수 안에서 새로운 삶을 살게 한 그 복음을 바로 살아 내며, 하나님을 향한 충성과 열심, 성도들을 향한 겸손과 사랑, 불신 영혼들을 향한 애끓는 마음을 가질 때 목회자의 삶은 빛을 발합니다.

목회자의 리더십은 회사나 정부나 학교에서 요구되는 리더십과는 완연히 다릅니다. 아예 다른 범주에 속하고 다른 원리로 움직입니다. 예수님이 우리를 인도하시는 원리와 방법은 세상의 리더십과 다른데, 그 원리를 이해하고 따라 하는 것이 필요합니다. 목회자는 성도들을 이끌기 전에 먼저 매일의 일상에서 주님을 따라야 합니다. 리더의 역할을 하기 전에 팔로워(follower)로서 충실해야 합니다. 팔로워와 리더의 역할을 감당하면서 참된 제자들을 기르는 것이 필요합니다.

성도들이 작은 예수가 되도록 안내해 주는 가장 좋은 방법은 목회자 스스로 모본으로 가르치는 것입니다. 설교하며 예배를 인도하는 것보다 더 우선적인 목표는 예수님의 신실한 제자로 살며 예수를 닮는 것입니다. 그래야 주님이 기뻐하시는 목회를 감당할 수 있습니다. 목회는 그 뒤에 따라오는 부차적인 것입니다.

이것은 아무리 강조해도 지나치지 않습니다. 우리는 지혜와 기질과 경험으로 목회하지 않습니다. 주 예수님의 모본을 따라 내가 먼저 살아 내고 그 삶의 모습과 권위로 성도들을 가르치고 목회하는 것이 주님이 바라시는 목회 원리입니다. 예수님을 향한 목사님의 심장을 보여 주십시오.

성도들에게 모본으로 가르칠 몇 가지 영역을 생각하고 기도하면서 하나씩 실천해 보십시오. 매사에 "돌격 앞으로!"를 외치기보다 "나를 따르라!"로 감동을 주길 축복합니다.

**4**

초연한
자세로
　　목회하십시오

귀스타브 도레, 〈예루살렘에서 폭도들에게 붙잡힌 바울〉(1875)

하나님의 부르심을 받아 하나님의 백성들을 섬기며 가르치는 것이 목회입니다. 하나님을 충성되이 섬기다 폭도들에 의해 체포되어 수년 동안 투옥되고 마침내 참수형까지 받았지만 초연한 자세로 사역했던 바울을 생각합니다. 나도 사람의 칭찬과 비방에 초연하여 오직 하나님의 눈길을 의식하며 진실하게 사역하고 싶습니다.

너희에게나 다른 사람에게나 판단받는 것이 내게는 매우 작은 일
이라 나도 나를 판단하지 아니하노니

목회자에게 있어야 하는 것은 사명감과
충성심입니다. 갖지 말아야 할 것은 명예심과 성공 심리
와 물욕입니다. 명예심은 사람을 의식하는 것입니다. 하
나님 앞에서 사역한다는 마음 자세가 부족할 때 생깁니
다. 목회자는 사람의 칭찬을 추구하는 사람이 아니요,
하나님 앞에서 일하는 사람입니다. 세상에서 찌꺼기같
이 취급을 받아도 하나님이 기뻐하시는 삶을 살고 하나

님의 상급을 바라며 사역하는 사람입니다. 그러니 세상이나 교회에서 명예를 추구해서는 안 됩니다.

명예심과 함께 엮여 있는 것이 성공 지향 심리입니다. 신구약 성경을 통틀어 '성공'이란 단어가 전혀 쓰이지 않았습니다. 이것은 시사하는 바가 큽니다. 성공은 세상이 묵시적으로 정한 기준을 따라 남을 의식하고 비교할 때 나오는 개념입니다. 목회자는 자신의 성공을 위해 일하지 않습니다. 목회의 성공을 위해서도 사역하지 않습니다. 주님이 주신 은사를 따라 최선을 다하여 충성할 뿐입니다.

잘되어 간다고 생각할 때 자랑하지도, 자만하지도 말아야 합니다. 마치 자신의 은사와 능력으로 잘되는 것 같이 조금이라도 생각하거나 과시한다면 하나님은 기뻐하시지 않습니다. 또 잘되지 않는 시기를 지날 때에 변명하거나 위축될 필요도 없습니다. 이런 것도 사람을 의식하기 때문입니다. 모든 형편과 마음을 아시는 주님께 기도하며 지혜와 은혜를 간구할 뿐입니다. 맡은 직임을 더 충실하게 하려고 기도하고 노력할 뿐입니다. 그래서 잘되어도 자만하거나 자랑하지 않으며, 잘 안되어도 낙심하거나 주눅 들지 않습니다. 주님이 다 보고 계시기 때문입니다.

## 사역 평가에 대하여

목회자들이 사역을 하다 보면 남을 의식할 때가 많고 남이 어떻게 자신이나 사역을 평가하는가에 과다한 관심을 기울일 때가 있습니다. 그러나 주님의 사역자들은 주님이 맡기신 일에 최선을 다하여 충성을 다하면 그것으로 충분합니다.

혹 잘 안될 때 실패했다고 자책하거나 의기소침하지 않아도 됩니다. 사역의 결과나 평가는 하나님이 판단하실 일입니다. 하나님 앞에서 기도하면서 나름대로 성실하게 일했다면 과도하게 남을 의식할 필요는 없습니다. 자랑할 일도, 변명할 일도, 설명할 일도, 부끄러워할 일도 없습니다. 특히 남과 비교할 필요가 없습니다.

주위와 남의 시선을 의식하기보다 주님의 인도와 음성에 집중하는 것이 필요합니다. 좀 잘되는 것 같을 때에 자랑하거나 교만해서도 안 됩니다(고전 4:6). 주님도 사람에게서 영광을 취하지 않으십니다(요 5:41). 나를 포함하여 모든 사역자는 하나님이 맡겨 주신 단역을 맡았다가 역사의 뒤안길로 사라지는 일꾼이며 하나님만이 이 모든 단역을 모아 대역사를 이루어 가십니다.

목회자는 거시적 안목을 가져야 합니다. 인스턴트 시대를 사는 현대의 목회자들은 참을성을 가지고 꾸준히 사역하기가 힘들 수 있습니다. 목회의 결과와 열매를 자신의 임기나 생애에 보려는 유혹을 받을 때가 많습니다. 하지만 대부분의 경우 아무 일도 한 것이 없는 듯 목회의 결과가 눈앞에 보이지 않는 채로 아주 오래도록 지속됩니다.

현대 목회자들은 나를 대단한 사도로 보는 것 같습니다만, 나도 박해와 오해와 육체적, 정신적 고통으로 힘든 나날을 수없이 보냈습니다. 2차 선교 여행 중에도 드로아에서 마게도냐 사람의 환상을 보기까지 갈 바를 알지 못하고 그 넓은 지역을 걸어 다니며 열린 문을 찾아야 했습니다. 거의 모든 도시에서 핍박으로 쫓겨났기 때문에 사역의 결과를 보지 못했습니다. 그러나 하나님은 신실하서서 다른 사람들을 통해 사역을 이어 가셨습니다.

아브라함을 생각해 보십시오. "가나안 땅을 너와 네 자손에게 주리라"는 약속을 하나님께로부터 받았지만 아내가 죽었을 때 묻을 땅 한 평이 없었습니다. 470년이라는 긴 시간이 지난 여호수아의 때에 가서야 가나안을 정복한 것을 기억하십시오.

내가 모든 일을 다 해야 한다, 내가 다 했다고 하는 것은 공로주의요, 하나님께 영광을 돌리는 것이 아닙니다. 목회자는 하나님이 허락하신 기간에 맡은 소임을 겸허하게 감당하고, 하나님의 일을 이어 갈 일꾼들을 준비하며 그들이 나보다 더 큰 일을 감당해 주길 기도해야 합니다.

나는 심었고 아볼로는 물을 주었으되 오직 하나님께서 자라나게 하셨나니 그런즉 심는 이나 물 주는 이는 아무것도 아니로되 오직 자라게 하시는 이는 하나님뿐이니라 심는 이와 물 주는 이는 한가지이나 각각 자기가 일한 대로 자기의 상을 받으리라(고전 3:6-8).

시작부터 끝까지 혼자 다 해야 하는 경우는 드뭅니다. 나는 시작한 사역을 내가 다 마쳐야 한다고 생각하지 않았습니다. 그럴 수도 없었습니다. 어떤 경우에는 심지도 못하고 터를 닦는 것으로 만족해야 했습니다. 그래도 다른 사역자가 잘 이어 가도록 단단히 터를 닦으려고 노력했습니다.

각 사역자의 공적은 나중에 주님이 불로 시험하실 것입니다. 그때 어떤 공적은 견고히 나타나기도 하고 어떤 것은 불타 없어지기도 할 것입니다(고전 3:10-15). 사역자들은 각자가 자기가 한 일을 하나님께 직고(直告)할 것이므로 남을 지나치게 의식할 필요가 없습니다. 주어진 기간과 역할에 최선을 다할 뿐입니다.

그래서 나는 사람에게서 판단받는 것을 대수롭지 않게 여겼고 나 자신도 나를 판단하지 않았습니다(고전 4:3). 목사님도 그러길 당부합니다. 물론 보다 나은 사역을 위해 끝없이 자신을 성찰하며 기도하고 계발해야 하는 것은 당연히 필요합니다.

교회에는 사탄의 공격이 끊이지 않습니다. 이단의 공격이나 교회 안의 분란으로 위기가 오는가 하면 세상의 소비주의적 가치관이 교회를 바로 서지 못하게 방해하기도 합니다. 큰 'ABC'를 추구하라고 우리를 부추깁니다. 등록 교인 수(Attendance), 건물 크기(Building), 헌금 액수(Cash)로 자랑하게 만들며 목회자와 성도들을 유혹합니다. 큰 교회 성도들이나 직분자들은 교회의 위상만큼 자기들이 대단한 듯 착각에 빠지기도 합니다. 이런 요소로 자랑할 것이 없는 목회자와 성도들은 상대적으로 움츠러들기도 합니다.

인구가 밀집되어 있는 지역에 있는 교회는 자연히 출석 인원이 많을 수 있습니다. 그것이 곧 목회자의 능력과 바른 목회의 결과 때문인지는 주님이 판단하실 것입니다. 작은 섬이나 시골에 있는 교회는 목회자가 아무리 능력이 있고 헌신적으로 사역해도 출석할 사람들이 거의 없습니다. 이것 또한 목회자의 능력이나 헌신의 부족으로 판단할 수는 없는 것입니다.

주님은 외부적으로 드러나는 수치나 지명도나 인기로 교회나 목회자를 판단하지 않으십니다. 오히려 어떤 자세로 얼마나 충성스럽게 사역하는지, 중심과 동기를 살피십니다. 비율적으로 얼마나 많은 성도가 주님의 형상을 닮아 변화되고 있는가를 따라 교회의 질(質)을 판단하실 것입니다.

목회자는 세상적 기준의 성공을 추구하지 말아야 합니다. 많은 목회자가 자신의 일에 자신감을 갖지 못하고 불안해하며, 세미나와 콘퍼런스에 참석하여 방법을 배워 자신의 부족을 메워 보려 합니다. 하지만 성장과 부흥의 방법보다 먼저 찾으려 해야 할 것은 조용히 하나님 앞에서 소명을 재확인하고 자신의 은사와 장점을 극대화할 방안입니다. 그리고 작은 일에서부터 기본과 원리를 바로 적용하며 새로 시작하는 것입니다.

주님의 일을 세상 방법으로 하는 것은 피해야 합니다. 하나님밖에 의지할 수 없는 '아라비아 광야'를 찾아 훈련받고 경험을 쌓아 진실하게 목회하려는 사역자들이 필요합니다.

유튜브 조회 수가 전해진 내용의 질을 의미하는 것으로 비치기도 하고, 책은 몇 쇄를 찍어 냈고 몇 권이 팔렸는가에 따라 내용의 질이 판단되는 시대가 되었습니다. 그런 인기의 유혹을 받다 보면 내용보다는 흥미와 자극을 염두에 둔 작품과 설교가 나오기도 합니다. 인지

도와 인기를 관리하려는 유혹에 빠지기 쉽습니다. 그러나 사람의 기쁨을 구하여 그들에게 좋게 하기보다 하나님께 좋게 하여 하나님의 기쁨을 구해야 되겠습니다(갈 1:10).

교회의 크고 작음을 떠나 목회하면서 기쁨과 감사가 풍성한 목회자는 행복한 사람입니다. 목회자와 성도들, 성도들과 성도들 사이의 관계가 돈독하고 따뜻한 교회가 되도록 애쓰고, 나름 최선을 다하여 하나님이 주신 소명을 다하고, 고결하고 명예스럽게 이임하거나 삶을 마칠 수 있다면 목회를 잘한 것입니다.


## 비방하는 자들에 대하여

남이 나를 어떻게 생각하는가에 예민한 목회자는 남들의 비난을 견디기 힘들어합니다. 그런데 목회하다 보면 비난을 받을 때도 많습니다. 어떤 때는 분명한 근거가 없는데도 그렇습니다. 목사에 대한 사회적 이해와 고정관념으로 억울한 대접을 받을 때도 있습니다. 자신의 자존감을 건드리는 것은 더 참기 어렵습니다. 변명하거나 변호하지 못하고 혼자 참고 견뎌야 하는 경우도 많습니다. 주님도 받지 못한 대접을 자신이 받으려 하면 안 된다는 생각으로 참으십시오. 자신의 참모습을 사람들이 알면 더 비난할 것으로 생각하며 자신을 돌아보는 기회로 삼는 것이 좋습니다. 사람들에게 억울함을 말하지 않고 침묵의 위엄을 지키는 것이 더 지혜롭습니다. 대신 다윗이 시편에서 그랬듯 주님께만 마음을 토하고 주님을 의지하여 평안을 유지하면 좋습니다. 많이 아프고 어려우면 배우자에게 이야기하는 것은 주님이 이해하실 것입니다. 쉬운 일이 아니지만 어려움을 주는 사람을 이해하려 애쓰고 축복해 보십시오.

나도 많은 비방을 받았습니다. 성도들로부터 받은 것이 아니라 거짓 선생들로부터 비방을 받았습니다. 그들은 내가 개척한 교회들을 찾아다니며 나의 사도권을 부정하며 공격했습니다. 내가 전한 복음 진리의 메시지를 부인하려고 메신저부터 부정하려 들었습니다. "재정적으로 섬김을 받을 수 있는 사도의 권리를 바울이 쓰지 않는 것은 사도가 아니기 때문이다", "예루살렘에 있는

사도들과 달리 예수님의 가르침을 직접 받지 못했다",
"글은 제법 쓰는데 언변은 별로다" 등 온갖 비방을 쏟아
냈습니다.

나는 남에게 판단받는 일이 작은 일이기에 나를 옹
호하거나 변명하지 않았습니다. 오히려 약할 때 주님의
강함이 나타나고, 주님은 연약한 자를 들어 강한 자를 부
끄럽게 하신다며 나의 약함을 자랑했습니다(고후 11:30,
12:9). 말로 비방받는 정도가 아니라 육체적 핍박을 수없
이 받았어도 주님의 은혜로 기뻐할 수 있었습니다(고후
4:8-10, 12:10). 복음이 아무 장애를 받지 않고 몇 사람이라
도 더 구원하기 위해서 내 생각과 행동을 통제하도록 주
님이 은혜를 주셨습니다.

초연하라는 말은 대응하지 말라는 말이 아닙니다. 분
을 품지 말고, 지나치게 격분하여 마음의 평정을 잃지 말
고, 죄를 짓는 데 이르지 말라는 의미입니다. 나를 공격하
는 것은 참을 수 있었지만, 복음의 진리를 '다른 복음'으로
훼손시키는 것은 참을 수 없었습니다. 그들은 히브리인,
이스라엘 사람, 아브라함의 후손이라고 배경을 내세우
고, 또 그리스도의 일꾼이라고 스스로 주장했습니다. 이

방 성도들에게 믿음으로 얻은 구원이 부족하다면서 율법을 지키고 할례를 받아야 된다고 강요했습니다.

나는 "그런 사람들은 거짓 사도요 속이는 일꾼이니 자기를 그리스도의 사도로 가장하는 자들이니라"라고, 사탄이 광명한 천사로 가장하듯 이 거짓 선생들도 의의 일꾼으로 가장하는데 실제는 사탄의 일꾼들이라고 단호히 밝혀 주었습니다(고후 11:13-15). 하나님이 자기 피로 사신 교회와 성도들을 진리로 지켜야 했기 때문입니다.

우리는 더 많은 사람을 얻으려는 열망으로 행동해야 합니다. 몇 사람이라도 더 구원할 수만 있다면 얼마든지 여러 사람에게 여러 모양이 되는 것이 나의 행동 철학이었습니다. 복음의 진보를 위해서라면 모든 것을 하려 했습니다(고전 9:22-23). 그러는 과정에서 오해와 비방과 핍박을 수없이 받았습니다.

3차 선교 여행을 마무리하며 예루살렘에 왔을 때 나에 대한 거짓 소문이 퍼져 있었습니다. 사도들도 그런 소문을 해명하기보다는 오히려 의구심을 가지고 있었습니다. 나중에 구리 세공업자 알렉산더같이 나를 대적하며 해를 끼치는 형제들도 있었습니다. 목숨을 부지하기 위해 배교하는 사람들이 적지 않았습니다.

그러나 사역은 사람들이 어떻게 평가하든지 하나님 앞에서 그분을 향하여 하는 것입니다. 그래서 전도자와 목회자인 우리를 이렇게 정의해 보았습니다.

우리는 속이는 자 같으나 참되고
무명한 자 같으나 유명한 자요
죽은 자 같으나 보라 우리가 살아 있고
징계를 받는 자 같으나 죽임을 당하지 아니하고
근심하는 자 같으나 항상 기뻐하고
가난한 자 같으나 많은 사람을 부요하게 하고
아무것도 없는 자 같으나 모든 것을 가진 자로다
(고후 6:8-10).

우리는 세상 기준으로 판단이 어려운 삶을 사는 사람들입니다. 늘 반전의 삶을 사는 비결과 비밀을 간직하고 있습니다. 목사님도 이런 가치관과 인생관으로 주님을 영화롭게 하고, 성도들에게 예수 복음과 삶의 진수와 역설 같은 비밀을 보여 주고, 불신 영혼들에게 생명을 나누어 주는 삶을 살며 사역하길 기도합니다.

## 돈에 대하여

어느 목회자든지 돈에 초연할 수 있다면 절반 이상 성공
했다고 생각합니다. 돈을 사랑하는 것이 일만 악의 뿌리
가 되고 거침돌이 되어 돈 문제로 넘어진 목회자들이 많
습니다(딤전 6:10). 사탄도 인간의 본성을 알기에 목회자를
돈으로 끊임없이 유혹하기도 하고 걱정하게도 합니다.

사역에는 당연히 재정이 필요합니다. 나도 우리 선
교팀의 필요를 채우기 위해 열심히 일해야 했습니다. 당
시 관례에 따라 사도로서 예우와 전도자로서 재정적 후
원을 마땅히 받을 권리가 있었지만 그러지 않았습니다.
복음을 전하되 값없이 전하려 했습니다. 특히 고린도에
서 사역할 때 비용이 부족했어도 성도들에게 폐를 끼치
지 않기 위하여 스스로 조심했고 받으려 하기보다는 주
려고 애썼습니다(고후 11:9, 12:14).

물론 우리 사역을 위해 헌금하는 교회들이 있었고

그때마다 감사히 받았습니다. 하지만 기본적으로 자녀가 부모를 위하여 저축하는 것이 아니요, 부모가 자녀를 보살펴야 한다는 자세를 가졌기에 개척한 교회들의 지원을 기대하지 않았습니다. 오히려 성도들로부터 이득을 취하지 않으려고 극히 조심했습니다. "내가 아무의 은이나 금이나 의복을 탐하지 아니하였고", "아무에게서도 속여 빼앗은 일이 없노라"라고 말할 수 있었던 것은 주님의 은혜였습니다(행 20:33; 고후 7:2). 오히려 형제들의 유익을 위하는 것이라면 재물뿐 아니라 나 자신까지도 주고 싶었습니다(고후 11:9, 12:3-5, 14-17).

목회자는 돈 문제를 초월할 각오를 해야 합니다. 나는 디모데 목사에게 돈을 사랑함이 일만 악의 뿌리가 된다고 경고했습니다. 처음부터 물질을 탐하지 않고 성도들에게 폐를 끼치지 않고 물질로 책잡히지 않으려고 해야 합니다. 이를 위해 깨끗하고 분명하게 자신을 지키려고 애써야 합니다. 좋은 때보다 궂은 때를 대비하여 철저히 기록해 두며 투명성을 유지하는 것이 좋습니다. 예상하지 못한 구설수에 휘말릴 경우를 대비하는 것입니다. 목회자가 돈 문제에 깨끗하지 못하면 성도들을 시험에 들게 할 수 있습니다. 비난과 공격을 받을 수 있습니다. 사탄의 고소를 받아 영적 담대함을 빼앗기게 됩니다.

목회자는 재정을 직접 다루거나 최종 재정 집행권자 역할을 피하는 것이 바람직합니다. 당회가 정책을 결정하고 제직회가 재정을 집행하게 하는 것이 좋습니다. 돈 문제로 목회자가 받을 유혹과 실수와 비난을 사전에 차단하기 위한 조치입니다. 돈 문제로 조종당하지 않을 제어 장치이기도 합니다.

그러러면 돈의 유혹을 이기는 초연한 모습을 보여야 합니다. 성도들은 월급에서 자녀 교육비, 자동차 구입과 관리비, 주거비를 내면서 살림을 꾸리는데, 목회자가 월급 외에 이런 것들을 교회에서 추가로 지원받는 것이 바람직한 일일까 자문해야 합니다. 이런 특혜를 스스로 포기할 의지가 있어야 합니다.

물론 자본주의의 영향 아래 있는 현대 목회에서는 쉽지 않을 것입니다. 주님은 하나님과 재물을 같이 섬길 수 없다 하셨습니다(마 6:24; 눅 16:13). 자기 십자가를 지고 주님을 따르라 하셨는데, 현대 목회자들이 져야 할 십자가는 무엇이겠습니까? 재정의 불안정성(financial insecurity)을 안고 그 힘든 부분만큼을 믿음으로 감당하며 사는 것이 하나의 십자가일 수 있습니다. 사실 기본 생활을 할 만큼의 사례도 못 받는 목회자도 많습니다. 하지만 어떤 상황에서든지 물질주의의 유혹에서 자신을 지켜야 합니다. 그럴 수 있다면 세속화의 물결 속에서 교회와 성도들과 자신을 구할 수 있을 것입니다.

하나님의 종은 사람에게 손을 벌리지 않고 하늘로부터 물질적 자원을 공급받는 비결을 터득해야 합니다. 배부름과 배고픔과 풍부와 궁핍에도 처할 줄 아는 비결을 배워야 합니다. 먹을 것과 입을 것이 있으면 족한 줄 알아야 합니다. 나는 디모데 목사에게 자족하기를 배우고 검소하게 살라고 당부했습니다(딤전 6:6-10). 지출을 줄이는 만큼 수입이 된다는 원리를 체득해야 합니다.

예나 지금이나 목회자가 돈을 더 챙기려 하면 존경을 잃습니다. 교회는 어려워집니다. 연봉이나 주택비, 자녀 교육비, 차량 구입비, 도서비, 광열비 등 전체 패키지를 늘리려고 하지 마십시오. 은퇴하면서 전별금에 연연하거나 더 받으려는 생각은 아예 마십시오. 교회가 충분히 지원해 주지 않는다고 불평하거나 섭섭한 내색을 하지 마십시오. 그간의 동역을 감사하며 앞으로도 믿음을 지키고 교회의 평강을 유지하며 주님을 계속해서 잘 섬기겠다고 다짐하면서 이임하십시오. 자기 희생의 마지막 모본을 보이고 서로 아쉬워하며 헤어지는 것이 목회자에게 제일 큰 축복일 것입니다.

먼저 주님의 나라와 그의 의를 구하면 주님이 먹고 마시고 입을 것을 더하실 것입니다(마 6:33). 목사님이 먼저 솔선수범하십시오. 평생을 통하여 의인의 자손이 걸식함을 보지 못하였다는 다윗의 고백처럼(시 37:25) 하나님은 신실하게 필요를 채워 주시고 자녀들을 책임져 주실 것입니다. 그런 은혜와 축복이 목사님의 사역 중에 넘치기를 기원합니다.

# 5

동역자들을
귀히
여기십시오

파올로 프리올로, 〈아굴라와 같이 일하는 바울〉(1866)

하나님의 일은 혼자 하지 않습니다. 혼자 할 수도 없습니다. 하나님이 부르신 다른 하나
님의 일꾼들과 같이 모여 연합 사역을 하게 됩니다. 우리는 경쟁자가 아니라 하나님이
모아 주신 동역자들입니다. 피차 배우고 가르치며 존경하고 귀히 여기며 효과적 사역을
위해 서로를 세워 주길 바랍니다. 상호 의존적이고 상호 보완적인 동역을 제대로 할 수
있기를 소원하며 기도합니다.

내가 겐그레아 교회의 일꾼으로 있는 우리 자매 뵈뵈를 너희에게 추천하노니 너희는 주 안에서 성도들의 합당한 예절로 그를 영접하고 무엇이든지 그에게 소용되는 바를 도와줄지니 이는 그가 여러 사람과 나의 보호자가 되었음이라 너희는 그리스도 예수 안에서 나의 동역자들인 브리스가와 아굴라에게 문안하라 그들은 내 목숨을 위하여 자기들의 목까지도 내놓았나니 나뿐 아니라 이방인의 모든 교회도 그들에게 감사하느니라

하나님이 선교 사역을 힘차게 추진하고 나를 위로하시기 위해 귀한 동역자들을 많이 붙여 주셨습니다. 바나바, 디모데, 디도, 누가, 브리스길라와 아굴라, 아리스다고, 두기고, 에바브라디도 같은 사람들이 대표적입니다. 서신에서 이름을 언급한 사람만도 서른여섯 명이나 됩니다.

이들은 대부분 나를 통해 복음을 듣고 예수님을 믿은 사람들이었고, 자연스럽게 사역 현장을 함께 다니며 소명과 은사를 확인하고 헌신하게 되었습니다. 내가 함께 사역하자고 격려한 사람도 있고, 함께 전도하다가 자연스럽게 동역하게 된 사람도 있습니다. 우리는 서로 격려하고 도우며 순회 사역을 했습니다. 지상 명령을 수행하며 삶을 나누었습니다.

우리 사이에는 지위의 높낮이가 없었고 은사를 따라 최선을 다하여 맡은 역할을 감당할 뿐이었습니다. 예수님과 서로를 사랑하고 남을 나보다 낮게 여기고 각각 자기 일을 돌아볼 뿐 아니라 남의 일도 돌아보는 삶을 살았습니다. 함께 예배하고 기도하며 성령의 인도하심에 순종하며 사역하려 노력했습니다. 우리는 서로 자비량하려고 사역하면서도 일을 했습니다. 나도 동료 사역자들의 필요를 채우기 위해 기회 있을 때마다 열심히 천막을 만들거나 수리하는 일을 했습니다.

하나님의 사역은 혼자의 열심으로 이루어지지 않습니다. 함께 사역하는 동역자들은 물론 전에 일한 전임자들과 뒤에 일할 후임자들을 통해 이루어집니다. 동역자들은 하나님의 일을 함께 할 뿐 아니라 이어 가고 확장하는 사람들입니다. 주께서 주신 분량대로 각각 성도들을 섬기는 사역자들입니다.

그런 의미에서 내가 "나는 심었고 아볼로는 물을 주었다"고 말했던 것입니다. 우리 사역의 결과를 자라게 하시는 분은 오직 하나님이십니다. 우리는 각자 일정 기간에 일한 대로 상(賞)을 받을 뿐입니다(고전 3:5-8). 우리를 교만하지 않게 하시는 하나님의 배려이며 모든 책임을 묻지 않으시려는 하나님의 은혜입니다. 그러니 사역자들은 서로 비교하여 자랑할 것도, 열등하게 느낄 필요도 없습니다. 그때그때 주어지는 사역을 성실히 감당하려고 애쓰고 서로를 도울 뿐입니다.

## 교역자와 동역자

목사님의 목회 현장에서 동역자는 일차적으로 같이 교회를 섬기는 교역자입니다. 그들은 '부(副)목사'도, '부(不)목사'도 아닙니다. 그들도 주님의 부르심에 순종하고 헌신하여 목회의 길에 들어선 일꾼들입니다. 그들이 자발적으로 주님과 교회에 충성하도록 사역의 여건을 만들어 주는 것이 목사님의 몫입니다. 은사를 따라 헌신적으로 일하도록 도와주고 세워 주는 멘토가 되어야 합니다. 목사님과 함께하는 기간의 경험과 훈련이 앞으로 그들이 다른 역할을 맡을 때 요긴하게 쓰일 수 있도록 배려해 주어야 합니다. 사도들이 나의 회심을 믿지 못할 때 나를 보증해 주었던 바나바처럼 교역자들을 지지해 줄 수 있다면 좋을 것입니다.

교역자들에게 공예배 설교를 맡기는 것은 사역이면서도 훈련의 의미가 있습니다. 당회 같은 주요 회의에 참석하게 해 교회 행정과 운영은 물론 위기 상황에 대해 어떻게 의논하고 대처하는지 보여 주면 좋을 것입니다.

교역자들과 사역과 업무에 대한 얘기만 나눌 것이 아니라 개인적 관심을 보이고 맞춤형 목회 지도를 해 주면 그런 진솔한 관계를 크게 고마워할 것입니다. 교회의 크기에 따라 분업과 협업의 정신으로 함께 팀워크를 이루어 가야 할 것입니다.

모두 하나님의 일을 하는 사람들이므로 각자 자발

적으로 맡은 직분과 은사를 따라 최선을 다하려는 소명감을 심어 주어야 합니다. 나의 사역이나 유익을 위하여 교역자들을 활용해서는 안 되고, 그들이 이용당한다는 느낌을 갖게 해서도 안 될 것입니다. 위압적으로 대해 분노가 쌓이게 하는 일도 없어야 할 것입니다. 맡은 사역에 대한 위계질서는 분명히 있어야 되지만 나머지는 권위를 내려놓고 편안하고 자유로운 관계를 유지해야 할 것입니다. 경영인, 공무원, 스포츠 감독들도 소통과 겸손으로 조직을 이끄는 시대입니다. 섬김의 리더십(servant leadership)을 주문하신 예수님을 따르는 목회 현장에 권위적 리더십은 있을 수 없습니다.

다른 교회나 교단의 목회자들과 연합을 이루고 서로 귀히 여기며 동역하는 것도 필요합니다. 목회자들끼리 교리나 이념이나 성향이 다르다고 해서 비판하고 업신여기는 일은 삼가야 합니다. 로마 성도들에게 반복한 말이 목회자들에게도 그대로 적용됩니다. "남의 하인을 비판하는 너는 누구냐 그가 서 있는 것이나 넘어지는 것이 자기 주인에게 있으매", "네가 어찌하여 네 형제를 비판하느냐 어찌하여 네 형제를 업신여기느냐 우리가 다 하나님의 심판대 앞에 서리라", "우리가 다시는 서로 비판하지 말고 도리어 부딪칠 것이나 거칠 것을 형제 앞에 두지 아니하도록 주의하라"(롬 14:4, 10, 13; 약 4:11-12; 고전 4:5). 서로 다름을 인정하고 기도하고 기다리며 최종 판단을 주님께 맡기며 평안과 연합을 유지해야 하겠습니다.

동역하는 과정에서 의견이 맞지 않아 관계가 어려울 때도 있을 것입니다. 나도 바나바와 심히 다툰 적이 있습니다. 마가가 못마땅하여 2차 선교 여행 때 데려가지 않았습니다. 그러나 2차 선교 여행이 끝나고 안디옥으로 돌아와 바나바와 화해하고 새로이 동역을 이어 갔습니다. 마가와도 나중에 화해했습니다. 골로새서를 가이사랴 감옥에서 쓸 때 이미 마가가 내 곁에 와 있었습니다. 로마에서 디모데후서를 쓸 때에는 디모데에게 "마가를 데려오라. 그가 나의 일에 유익하다"고 했습니다(딤후 4:11).

안디옥 사건 때 내가 베드로를 공개적으로 꾸짖었지만 고린도전서를 쓸 때 부활하신 예수님이 게바에게 특별히 개인적으로 나타나셨다고 인정하며 그에 대해 좋게 얘기했습니다(고전 15:5). 갈라디아서를 쓰면서도 베드로를 보러 예루살렘에 십오 일간 방문했던 것을 언급했고 그를 "기둥같이 여기는" 지도자로 피력했습니다(갈 2:9). 무할례의 복음의 진리를 지키기 위해 불가피하게 베드로를 책망했던 것이지 인간적인 교만이나 권력 다툼으로 그런 것은 아니었습니다.

감사하게도 베드로도 나를 "사랑하는 형제 바울"이라고 귀히 여기면서 나의 가르침을 심오한 것으로 인정해 주었습니다(벧후 3:15-16). 누가 먼저 용서를 구하거나 화해의 손길을 내밀었는가는 중요하지 않습니다. 누구든지 할 수만 있다면 모든 사람과 화목하려고 먼저 화해를 시도하는 것이 좋습니다(롬 12:18). 우리의 적은 밖에서 우리를 노려보며 공격할 기회를 찾고 있습니다. 적전분열(敵前分列)을 해서는 안 되는 이유입니다.

같은 교회에서 사역하는 교역자들은 하나님이 붙여주신 일꾼들입니다. 머지않은 날 주님을 크게 섬길 재목들입니다. 아직은 경험과 성숙이 부족한 경우가 많습니다. 목사님의 마음에 흡족하지 않을 수 있습니다. 그러나 참고 기다리며 부족한 부분을 지도해 주고 좋은 은사는 개발하고 활용하도록 해야 하겠습니다. 실수와 부족

을 품어 주고 인격적으로 대해 주십시오. 좋은 담임 목
사상의 모본을 보여 주십시오.

구체적으로 칭찬하고 챙겨 주십시오. 본인에게는 물
론 남에게도 그를 칭찬해 주면 좋습니다. 내가 디모데와
디도와 뵈뵈에 대해 교회들에게 쓴 내용이 도움이 되길
바랍니다.

[내 사랑하고 신실한 아들] 디모데가 이르거든 너희는 조심하
여 그로 두려움이 없이 너희 가운데 있게 하라 이는 그도
나와 같이 주의 일을 힘쓰는 자임이라 그러므로 누구든지
그를 [나이 어리고 유약하다고] 멸시하지 말고 평안히 보내어
내게로 오게 하라(고전 16:10-11, 참고 고전 4:17; 빌 2:19-22).


디도로 말하면 나의 동료요 너희를 위한 나의 동역자요
우리 형제들로 말하면 여러 교회의 사자들이요 그리스도
의 영광이니라 그러므로 너희는 여러 교회 앞에서 너희의
사랑과 너희에 대한 우리 자랑의 증거를 그들에게 보이라
(고후 8:23-24).

내가 겐그레아 교회의 일꾼으로 있는 우리 자매 뵈뵈를 너희에게 추천하노니 너희는 주 안에서 성도들의 합당한 예절로 그를 영접하고 무엇이든지 그에게 소용되는 바를 도와줄지니 이는 그가 여러 사람과 나의 보호자가 되었음이라(롬 16:1-2).

이들뿐 아니라 두기고와 누가, 브리스길라와 아굴라, 에바브라디도, 에바브라와 오네시보로, 오네시모와 빌레몬을 진심을 담아 구체적 묘사로 칭찬했습니다. 그 것은 내가 그들을 진정으로 귀하게 여겼기 때문입니다. 그런 따뜻한 소개가 본인은 물론 교회를 따뜻하게 합니다(롬 16:3-4; 빌 2:19-30; 골 4:9, 14; 살전 3:2-3). 그래서 편지를 마칠 때에도 보통 같이 있는 동역자들의 이름을 일일이 언급하며 그들의 안부도 전했습니다(롬 16:21-23; 고전 16:19-21; 골 4:7-17 등).

교역자들은 목회자를 위한 보조자나 소모품이 아닙니다. 하나님이 부르신 일꾼들이요, 부르심에 순종한 헌신자들입니다. 일정 기간 피차 배우고 가르치며 사역하도록 주님이 묶어 주신 동역자들입니다. 그들에게 좋은 목회의 본을 보이고 사역하면서 경험을 쌓게 하여 보다 나은 하나님의 일꾼으로 성장시키는 것이 목사님의 손에 달려 있습니다.

동시에 교역자들은 나의 동역자들같이 칭찬받을 수 있도록 담임 목회자에게 예의를 갖추고 배우려는 자세를 가지며 맡겨진 사역이 주님의 일인 줄 알고 충성을 다해야 할 것입니다.

하나님의 종으로 하나님의 교회의 일을 하도록 부르심을 받았기에 고용된 사람의 자세를 가지면 안 됩니다. 좋은 직장을 얻거나 스펙을 쌓는 식으로 교회를 찾아서도 안 됩니다. 성도들에게 은근히라도 담임 목사를 비방하거나 담임 목사에게 지지를 보내지 않는 것으로 타격을 가하는 일이 없어야 합니다. 이 교회를 열심히 섬기고 최선을 다하여 담임목회자를 보필하는 것이 하나님이 열어 주실 다음 단계의 최선의 준비인 것을 명심하십시오.

# 교회 너머의 동역자

주님의 이름으로 모이는 다른 교회들도 생각하고 협력할 길을 모색해야 합니다. 한 지역 교회 안에서 각 성도가 소중한 지체로서 절대적으로 필요하고 상호의존적인 것같이 국가 교회 안에서도 각 지역 교회가 하나의 지체로서 한 몸을 이루고 있음을 잊으면 안 되겠습니다.

내가 사역할 때는 지역 교회들이 수백, 수천 킬로미터나 떨어져 있었지만 하나씩 별개로 자기만 생각하지 않았습니다. 안디옥 교회는 자신들도 흉년으로 힘들었음에도 불구하고 구제 헌금을 모아 예루살렘으로 보냈습니다. 예루살렘 교회는 안디옥 교회에 생긴 이방인 구원관에 대한 혼란을 해결하기 위해 공회를 열었습니다. 선교를 위해 바나바, 마가, 실라 같은 전도 동역자들도 서로 나누었습니다. 빌립보 교회는 데살로니가 선교를 위해 헌금을 몇 차례나 보내기도 했습니다. 갈라디아, 마게도냐, 아가야, 아시아의 이방 교회들이 모두 헌금을 모아 예루살렘 교회 성도들을 지원했습니다.

현대 교회는 자기 교회만 생각하여 다른 교회에 대

해 별로 관심이 없고 다만 무한 경쟁하는 경향이 있습니다. 내가 잘하고 우리 교회가 좋아 다른 교회 성도들이 찾아온다고 생각하는 것은 교회를 지극히 자본주의 사고로 단순하게 이해하는 것입니다. 이런 개념을 넘어서야 합니다.

오히려 많은 수평 이동으로 성장한 중대형 교회 목회자들과 성도들은 시골이나 지방 교회들과 주변의 작은 교회들에게 부채감을 가져야 합니다. 작은 교회 목회자들의 기도와 전도와 양육으로 신앙을 갖게 된 성도들이 학교나 직장 때문에 도시로 옮겨 왔거나 편리를 따라 중대형 교회에 다니고 있는 경우가 많습니다.

중대형 교회의 진정한 교세는 수평 이동한 성도를 제외하고 그 교회를 통하여 예수님을 믿고 신앙생활을 하는 성도의 숫자입니다. 교회가 크게 된 것은 작은 교회들의 기도와 전도 노력이 많이 몰린 것이라 생각하고 겸손한 마음으로 빚을 갚을 생각을 해야 합니다.

우주적 교회의 성장을 생각하여 인력과 재정과 기도로 세계 선교에 동참하듯 국가 교회의 성장을 위하여 모든 지역 교회들은 협력해야 합니다. 특히 중대형 교회들이 빚 갚는 마음으로 이 일에 앞장서야 합니다. 재정적으로 도와도 좋고, 찬양팀이나 교사팀 등 인력을 지속적으로 보내 주는 것도 좋습니다. 더 필요한 것은 큰 교회에서 많은 전도 인력을 동원하여 주변과 시골과 작은 도시들의 작은 교회들을 전도로 지원해 주는 것입니다. 작은 교회 살리기 운동을 펼쳐야 합니다. 우리 교회라는 한 그루 나무만 보지 말고 큰 나무와 작은 나무들이 공존하는 숲을 보고 생태계를 생각해야 합니다. 작은 나무들이 죽어 가면 생태계가 파손되고 결국 큰 나무들까지 쓰러지게 됩니다.

인구도 적은 지역에서 작은 무리에게 삶을 바치는 목회자들을 소중히 여기고 동역하며 섬겨 보십시오. 세상 기준으로는 꾀가 없거나 무능하게 보일지 모르지만 주님은 당신의 작은 양 무리를 돌보는 목자들의 충성을 귀하게 보십니다. 하나님은 밖으로 보이는 것으로 사람과 교회를 판단하지 않으십니다(롬 2:11; 갈 2:6; 엡 6:9). 우주적, 국가적, 지역적 교회들이 모두 서로 긴밀히 협력하여 당신의 나라를 확장해 가는 모습을 보고 싶어 하십니다.

**6**

복음의
본질을
숙지하십시오

파올로 프리올로, 〈비시디아 안디옥 회당에서 설교하는 바울〉(1866)

예수님을 십자가에 못 박게 요구했고 예수님을 따르는 제자들을 핍박했던 유대교의 회당을 찾아가 예수가 그리스도라고 담대하게 선포하는 바울. 이는 그가 하나님의 경륜에 근거한 복음의 본질을 확신했기 때문이며, 복음이 믿는 모든 자에게 구원을 주시는 하나님의 능력이요 축복임을 경험했기 때문입니다. 복음의 가치를 확신하는 만큼 전하게 될 것이므로 더욱 복음의 본질을 숙지하기 원합니다.

이 복음은 하나님이 선지자들을 통하여 그의 아들에 관하여 성경에 미리 약속하신 것이라 그의 아들에 관하여 말하면 육신으로는 다윗의 혈통에서 나셨고 성결의 영으로는 죽은 자들 가운데서 부활하사 능력으로 하나님의 아들로 선포되셨으니 곧 우리 주 예수 그리스도시니라

분야를 불문하고 좋은 실적을 내는 영업 사원들을 보면 공통점이 있습니다. 자신이 파는 제품의 세부 사항과 작동 방법을 자세히 알고 있을 뿐 아니라 확신을 가지고 그 물품을 알기 쉽게 차근히 설명해 준다는 것입니다. 제품을 판 후에도 애프터서비스를 아끼지 않습니다. 제품을 산 사람들은 지인들에게 그 영업 사원에게 가서 제품을 사라고 추천해 줍니다.

목회자들은 복음과 기독교의 본질과 가치를 '파는' 사람들인데 우리야말로 마케팅하기 전에 먼저 팔려는 제품을 자세히 알고 확신을 가지고 전해야 하지 않겠습니까? 복음을 듣고 예수님을 믿은 사람들을 목회적으로 잘 양육하고 섬기면 그들이 다른 사람들에게 예수님을 믿으라고 권하게 될 것입니다. 따라서 기독 복음의 본질이 무엇이며 목회의 기본이 무엇인지 정리할 필요가 있습니다.

## 모든 사람에게 열린 복음

복음은 하나님의 소원의 결과입니다.

> 하나님은 모든 사람이 구원을 받으며 진리를 아는 데에 이르기를 원하시느니라(딤전 2:4).

모든 사람이 구원을 필요로 하는 상태에 있었기 때문입니다. 모든 사람이 죄를 범하여 하나님의 영광에 이

르지 못하는 상태에 있었습니다. 인간은 하나님께 불순
종하고 죄를 지어 어려움과 죽음에 처했습니다. 하나님
과 분리되었고 하나님의 영광에 근접할 수 없게 되었습
니다. 죄가 하나님과 인간 사이를 갈라놓았고 인류는 하
나님을 피하여 어둠 가운데 살게 되었습니다.

그러나 하나님은 당신의 형상대로 지으신 인간의 그
런 상태를 그냥 두고 보실 수 없었습니다. 온 인류 모든
사람을 깊이 사랑하셨기 때문입니다. 사탄의 올무에 잡
혀 고통받는 사람들에게 자유와 인간답게 사는 새 삶을
주고 싶어 하셨습니다. 그래서 인간의 죄 문제를 해결할
방법을 깊이 생각하셨습니다.

구약 시대에는 이스라엘 백성에게 죄를 없이하는 제
사 제도를 알려 주셨습니다. 이스라엘 백성이 매년 대속
죄일에 어린양을 잡아 그 피를 하나님께 드릴 때 그들의
죄를 한시적으로나마 없애시고 용서해 주셨습니다. 피
흘림이 없으면 죄 사함이 없는 것이 하나님의 원리였습
니다. 하지만 이 제사는 매년 드려야 했습니다. 그러다
가 하나님은 한 번의 제사로 인류의 모든 죄를 없앨 수
있는 구원의 방법을 실행에 옮기셨습니다.

삼위일체 하나님이 내리신 결론은 성자 하나님이 인간의 몸을 입고 세상에 내려가시는 것이었습니다. 세상 죄를 지고 갈 어린양을 보내셨습니다. "때가 차매" 하나님이 육신이 되어 사람들 가운데 오셔서 사셨습니다. 그분이 예수님이십니다. 예수님은 보이지 않는 하나님의 형상이시요, 하나님의 본체이십니다. 예수님은 신성의 모든 충만함을 가지신 하나님이신데 육신의 몸을 입고 사람이 되셔서 하나님과 사람 사이에 중보자로 오셨습니다.

결국 예수님은 십자가에서 모든 사람을 위하여 당신의 몸을 죄를 속하는 제물로 단번에 내어 주심으로써 죄를 위하여 영원한 제사를 드리셨습니다. 세상 모든 사람의 죄를 대신 지시고 그들의 죗값을 치르신 대속의 죽음이었습니다. 하나님의 아들이 우리가 받아야 할 죗값을 대신 치르신 것입니다. 한 사람, 한 사람의 모든 죄를 대신 감당하신 것입니다. 하나님은 예수님의 피를 보시고 우리의 죄를 용서해 주셨습니다.

그리고 예수님은 무덤에 장사되셨는데 사흘 만에 다시 살아나셨습니다. 그분의 죽음이 당신의 죄나 관리들의 오심(誤審)으로 된 것이 아니라 하나님의 섭리로 말미암은 것임을 확실하게 보여 주신 것입니다. 부활로 예수님은 하나님의 아들로 확증되셨습니다(롬 1:4). 기독교 외에는 창시자가 부활했다고 주장하는 종교가 없습니다. 예수님만이 부활하셨고 승천하셔서 하나님 보좌 우편에 앉으셨고, 곧 심판주로 세상에 다시 오실 것입니다.

우리의 죄 문제를 해결하고자 죽으시고 우리를 의롭다 하고자 부활하신 예수님만이 구원을 받을 만한 유일한 이름입니다(요 14:6; 행 4:12). 이 예수님을 믿고 영접하는 사람 누구에게나 하나님이 구원이라는 선물, 영생이라는 선물을 주신다고 약속하셨습니다(롬 6:23). 이것이 복음입니다. 인류에게 전해진 가장 기쁜 소식입니다. 가장 위대한 러브 스토리입니다.

모든 사람이 구원을 받기를 원하시는 하나님의 구원 방법이기 때문에 이 복음은 모든 사람에게 열려 있습니다. 하나님의 은혜로 선물은 이미 준비되어 있습니다.

너희는 그 [하나님의] 은혜에 의하여 [너희의] 믿음으로 말미암아 구원을 받았으니 이것은 너희에게서 난 것이 아니요 하나님의 선물이라(엡 2:8).

　선물은 두 가지 특징이 있습니다. 공짜라는 것과 받지 않으면 내 것이 될 수 없다는 것입니다. 마찬가지로 하나님이 준비하신 이 구원의 선물은 공짜이지만 모든 사람에게 자동적으로 오는 것은 아닙니다. 이 선물을 감사함으로 받아야 합니다. "영접하는 자 곧 그 이름을 믿는 자들에게는 하나님의 자녀가 되는 권세를 주셨"습니다(요 1:12). 이 복음은 믿는 모든 자에게 구원을 주시는 하나님의 능력이 됩니다. 그래서 예수님이 주 여호와 하나님의 본체이신 것과 그분이 우리의 죄를 대신 지시고 십자가에서 피 흘려 죽으셨고 다시 살아나신 것을 믿어야 한다는 조건 하나만 붙이셨습니다(롬 10:9, 13).

　예수님도 "내 아버지의 뜻은 아들을 보고 믿는 자마다 영생을 얻는 이것이니 마지막 날에 내가 이를 다시 살리리라" 하셨습니다(요 6:40). 하나님은 예수님이 십자가에서 감당하신 대속을 보셨습니다. 이제 우리의 믿음을 보시면 하나님이 흑암의 권세에서 우리를 건져 내셔서 예수님의 나라로 옮기십니다.

이러한 구원의 계획과 약속과 실행은 인류를 향한 하나님의 깊은 사랑 때문이었습니다. 하나님은 우리가 하나님과 화목하는 것은 물론 다른 사람들과도 서로 화목한 삶을 살며 인생의 진정한 의미와 가치를 누리며 살도록 새로운 인생을 주길 기뻐하셨습니다. 예수님 안에서 충만하고 풍성한 삶을 살게 해 주셨습니다. 우주와 인간을 창조하신 원래의 목적대로 인간과 교제하고 경배 받기를 기뻐하셨습니다. 인간의 회복으로 피조물도 하나님의 자녀들의 영광의 자유에 이르는 것을 원하셨습니다(롬 8:19-22).

이렇듯 복음은 하나님이 영원 전부터 약속하신 영생의 소망의 말씀입니다. "온 백성[인류]에게 미칠 큰 기쁨의 좋은 소식"입니다(눅 2:10). 그리스도 안에 있는 자에게는 정죄함이 없습니다. 예수님으로 말미암아 하나님과 화평을 누리게 되었습니다. 예수님을 믿고 주님과 구주로 받아들인 사람들은 하나님의 자녀가 되는 권세를 받았습니다. 영생을 선물로 받았습니다. 이보다 더 위대한 사랑의 이야기가 어디 있겠으며, 이보다 더 기쁜 소식이 어디 있겠습니까?

# 일꾼의 임무

하나님께 두 번째 소원이 있습니다. '최고의 선물, 온 인류를 위한 기쁘고 위대한 사랑의 이야기가 준비되었는데, 어떻게 모든 사람에게 알려 그 선물을 받게 할까? 구원의 선물을 받으려면 먼저 그 선물이 준비되었다는 것을 알아야 하는데 어떻게 알릴까?' 내가 이해한 하나님의 방법은 이렇습니다.

> 누구든지 주의 이름을 부르는 자는 구원을 받으리라 그런즉 그들이 믿지 아니하는 이를 어찌 부르리요 듣지도 못한 이를 어찌 믿으리요 전파하는 자가 없이 어찌 들으리요 보내심을 받지 아니하였으면 어찌 전파하리요 기록된바 아름답도다 좋은 소식을 전하는 자들의 발이여 함과 같으니라(롬 10:13-15).

보내는 사람들이 전도자를 온 세상 모든 민족에게 보내서 그들이 가서 복음을 전파하여 사람들이 그 좋은 소식을 듣고 믿고 주님의 이름을 불러야 구원을 받게 된다는 것입니다. 그렇다면 보내는 사람들과 가서 전하는 사람들이 필요합니다. 하나님은 천사에게 이 일을 맡기지 않으셨습니다. 성령으로 직접 전하지도 않으십니다. 오직 예수님을 믿는 자들이 성령의 권능을 힘입어 이 엄청난 과업을 완수하라고 위탁하셨습니다. 만족한 '고객'의 입소문이 최고의 광고 효과가 있음을 아셨고, 은혜 받은 성도들이 기뻐 선전하리라 기대하셨기 때문입니다.

하나님은 나도 이 일에 불러 주셨습니다. 다메섹으로 가던 길에 예수님을 만나 새사람이 되고 사명을 받은 후 나는 부르심의 소명을 잊은 적이 없습니다. 보통 편지 서두에 나를 간단히 소개하면서, 하나님의 뜻을 따라 복음을 위하여 사도로 부르심을 받았다는 사실을 언급했습니다. 더 나아가 특별히 이방인에게 복음을 전하고 그들의 입지를 신학적으로 변호하기 위해 그리스도 예수의 일꾼으로 부르심을 받았다는 사실을 잊지 않았습니다(롬 15:16; 딤전 2:7; 행 20:24). 죄인 중에 괴수였던 나를 용서하시고 사도로 불러 주신 은혜를 잊을 수 없었습니다. 그래서 나 같은 죄인을 용서하신 이 은혜의 복음을 많은 사람에게 전해야 한다는 사명감을 갖게 되었습니다(고전 15:9-10; 갈 1:15-16).

현상의 차이는 있지만 목사님도 하나님이 친히 불러 주셨습니다. 구원해 주셨을 뿐 아니라 더 큰 은혜를 주셔서 목회자의 길로 인도해 주셨습니다. 세상적으로 편안함과 직위를 생각하여 목회자가 된 것은 아닐 줄 압니다. 오직 나를 받아 주신 하나님의 은혜와 복음을 다른 많은 사람에게 전하고 하나님을 경외하는 사람들로 세우고자 부르심에 순종한 줄 압니다.

그 부르심과 첫 순종 때 드렸던 마음과 각오를 늘 잊지 마십시오. 첫사랑을 늘 돌아보며 점검하여 순도가 약해졌으면 회복하기 바랍니다. 주님은 신실하셔서 처음 드렸던 헌신을 잊지 않으십니다. 새로운 기회를 주시는 주님은 새롭게 시작하길 원하십니다.

나도 자주 나 자신을 돌아보아야 했습니다. 하나님이 나를 고린도에 보내신 것은 "세례를 베풀게 하려 하심이 아니요 오직 복음을 전하게 하려 하심"이라고 나 자신에게 상기시켰습니다(고전 1:17). 현대 목회자들은 세례를 주는 것을 목사만의 특권으로 생각하는 경우가 많습니다. 그러나 나는 그렇게 생각하지 않았습니다(고전

1:14-16). 오히려 고린도에서 가장 집중한 것은 복음을 전하는 일이었습니다. 그래서 십자가에 못 박히신 그리스도를 전했으며, 예수님이 그리스도이신 것과 그분이 십자가에 못 박히신 것 외에는 아무것도 알지도 전하지도 않기로 작정했습니다(고전 1:23, 2:2).

그 후에도 고린도 성도들에게 고린도에 있던 18개월 동안 무엇을 가장 중요한 것으로 가르쳤는지 다시 요약해 주었습니다. "내가 받은 것을 먼저 너희에게 전하였노니 이는 성경대로 그리스도께서 우리 죄를 위하여 죽으시고 장사 지낸 바 되셨다가 성경대로 사흘 만에 다시 살아나"셨음이라고 전했습니다(고전 15:3-4). "먼저"(en prōtois)는 순서적 의미보다는 대부분의 영어 성경들이 번역하고 있는 것처럼, 우선순위적으로 볼 때 가장 중요한 내용(as of first importance, NIV)으로 가르쳤다는 말입니다. 만일 복음을 전하지 아니하면 나에게 화가 있을 것 같았습니다. 그래서 복음을 전한 것이니 나로서는 자랑할 것이 없습니다(고전 9:16).

나는 교회 개척자이면서 목회자였습니다. 사실 한 곳에 어느 정도의 기간을 머물며 성도들을 목양할 기회는 많지 않았습니다. 에베소 교회에 3년, 고린도 교회에 1년 반 있었던 것이 그나마 오래 있었던 기간입니다. 핍박 때문에 늘 옮겨 다녀야 했습니다. 하지만 떠난 후에도 성도들이 늘 보고 싶었고, 기도했으며, 기회가 닿는 대로 다시 방문했습니다. 갈라디아 교회들과 마게도냐 교회들을 세 번 더 방문했습니다. 갈 수 없을 때에는 디모데나 디도를 대신 보내기도 했습니다. 그것도 어려우면 편지를 써서 그들의 신앙 성장을 돕고 교회에 생긴 문제들을 해결하려고 했습니다.

목회자들의 사역은 성도들이 예수님을 믿어 하나님의 자녀가 되는 데 그치지 않습니다. 지식과 성품과 가치관에서 그리스도의 장성한 분량이 충만한 데까지 자라서 그리스도의 복음에 합당하게 행하고 빛의 자녀들처럼 살아갈 때까지 가르치고 도와야 합니다.

목사님도 성도들에게 복음의 핵심 내용을 설교나 강의 중에 자주 언급하길 권면합니다. 흔히 성도들이 이미 주님을 영접하여 구원을 받았다고 간주하고, 주로 생활의 변화나 성경 지식을 함양시키거나 위로하고 힘을 주는 설교를 하는 경우가 많습니다. 초대 교회와 달리 현대 교회에는 예배에 출석하는 사람들 중에 아직까지 예수님을 믿지 않거나 복음이 무엇인지 정확히 모르는 불신자들이 많이 있습니다. 한 번에 하나의 메시지밖에 전할 수 없는 한계에도 불구하고, 목사님은 설교할 때 늘 불신자를 의식하여 복음 설교를 주기적으로 하기를 당부합니다.

예수님을 믿는 성도라 할지라도 성숙도와 지식이 아직 어린아이와 같은 사람들이 있습니다. 예수님을 믿지만 복음의 내용을 구체적으로 확신하지 못하거나 남에게 잘 설명하지 못하는 성도들이 있습니다. 그들에게 복음의 핵심 내용을 반복적으로 들려줌으로써 이런 취약한 부분들을 보완하고 믿는 바를 확신할 수 있도록 해야 할 것입니다.

나는 고린도에 있었던 첫 1년 반 동안 "예수가 그리스도이시고 그가 십자가에 못 박히시고 부활하신 것 외에는 아무것도 전하지 아니하기로 작정"(고전 2:2, 의역)했습니다. 데살로니가에서 교회를 개척할 때에도 예수님이 그리스도이신 것과 죽으시고 다시 살아나신 것을 핵심 메시지로 전했습니다(행 17:2-3). 예수님을 믿는 성도들에게 쓴 서신에서 많은 주제를 다루면서도 내가 자주 복음 내용을 요약하며, 믿음으로 죄 사함과 의롭다 함을 받는 것을 확언해 주는 것을 유념하십시오. 사실 복음에 대한 확신과 구원의 감격이 성도들에게는 진정한 헌신과 전도의 동력이 됩니다.

3년이나 가르쳤던 에베소 교회를 향하여서도 마찬가지였습니다. 에베소서 1장부터 3장까지 내가 복음을 다시 전하고 있음을 주목하십시오. "하나님께서 그리스도 안에서 너희를 택하셔서 하나님의 자녀가 되게 하셨다(엡 1:3-5, 11). 너희는 예수님의 피로 죄 사함과 성령의 인 치심을 받았다(엡 1:7, 13). 죄와 허물로 죽은 너희를 하나님의 사랑과 예수님의 희생으로 살려 주셨다(엡 2:1-7). 너희에게 구원을 선물로 주셨다(엡 2:8-9). 십자가로 너희를 하나님과 화목하게 하셨다(엡 2:11-22). 하나님은 창세 전부터 인류를 위한 구원의 계획을 가지고 계셨고, 그 비밀의 경륜을 너희에게 보여 주셨다(엡 3:1-13)." 복음의 진리를 3년이나 가르쳤지만 다시금 편지로 성도들에게 확실하게 짚어 주는 것이 필요했습니다.

목사님도 복음의 메시지를 자주 전하십시오. 복음

을 모든 설교 내용의 중심축으로 하여 복음 때문에 어떻게 살아야 되는가, 복음을 주신 하나님이 다른 모든 영역에서 우리를 돕지 않으시겠는가를 강조하며 성도들에게 힘을 주기 바랍니다.

내가 불신자들은 물론 성도들도 복음을 다시, 자주 들어야 한다고 말하는 것은 꼭 설교나 강의 때 그렇게 하라는 것이 아닙니다. 개인적으로 가르치는 것도 포함합니다. 나는 복음을 전한 후 각 사람을 그리스도 안에서 완전한 자로 세우기 위하여 각 사람을 권하고 모든 지혜로 각 사람을 가르쳤습니다. 수고와 힘이 들었지만 그것이 목회의 중요한 부분이라고 확신했습니다(골 1:28). 에베소에서도 "공중 앞에서나 각 집에서" 전하고 가르쳤습니다(행 20:20).

목사님도 사역으로 바쁘겠지만 일주일에 두어 시간 투자하여 한 명 혹은 한 부부씩 개인적으로 진지하게 형편을 물어보고 신앙 상태를 점검하고 신앙에 대해 궁금한 점을 대답해 준다면 목사님의 사역은 크게 달라질 것입니다.

목회자는 전도와 양육 모두에 힘을 쏟아야 됩니다.

둘 중의 하나에 더 집중할 때도 있겠지만 균형을 유지하려고 애써야 합니다. 지금까지 전도 쪽이 약했다면 교회의 인적 자원을 전도 인력으로 최대한 동원해 보십시오. 목사님의 목회에 큰 유익을 얻고 주님은 매우 기뻐하실 것입니다.

앞으로 전도 중심적 목회를 시도해 보십시오. 목사님 교회에 다양한 프로그램들이 있을 줄 압니다. 혹 성도들이 소비자가 되어 있지는 않습니까? 참여하고 섬기기보다 교역자들과 몇 성도들이 준비한 프로그램을 즐기는 경향이 많아지지는 않았습니까? 행사와 프로그램과 슬로건은 필요하지만 무엇을 위한 것인지 고민해 보기 바랍니다. 혹 1년 후엔 그 좋은 슬로건들을 폐기하지는 않습니까?

다양한 프로그램을 돌리며 성도들을 분주하게 만드는 경우는 없습니까? 소비 문화에 맞게 교회 프로그램을 편성하고 유명 강사들이나 연예인들을 초청하여 교회 이미지 구축에 힘을 쓰지는 않습니까? 대외 이미지 정립이 필요하다는 시대정신을 따라 홈페이지가 엄청난 사역을 하는 내용으로 채워져 있다면 실제 사역을 진실하게 맞추어 가는 노력이 절실합니다.

교회 프로그램이 우리만의 잔치가 아니라 복음 전파와 영혼 구령, 지역 사회 섬김과 얼마나 연관이 있는가를 진지하게 생각해 보아야 할 것입니다. 지식을 쌓는 훈련보다 성품과 인격을 함양하고 복음을 숙지하고 신실하게 나누는 경험적 훈련이 필요할 것입니다. 교회의 교육과 훈련은 프로그램을 위한 프로그램이 되어서는 안 될 것입니다. 항상 어떻게 실천으로 옮길 것인가를 먼저 설정하고 그 실천을 위해 적절한 훈련을 실시해야 합니다. 실천하지 않을 훈련은 피차 시간 낭비가 될 뿐입니다.

# 7

전도하고
개척하는
　　목회자가 되십시오

파올로 프리올로, 〈아레오바고에서 전도하는 바울〉(1866)

예수님은 모든 도시와 마을에 두루 다니시면서 전도하셨고, 베드로와 바울을 비롯한 사도들은 전도에 삶을 바쳤습니다. 그들의 전도는 교회 개척과 목회로 이어졌습니다. 목회에 앞서 전도와 개척이 있었는데, 나는 얼마나 전도와 개척에 관심을 갖고 목회하는지 돌아봅니다. 전도가 되지 않는 것이 문제가 아니고 전도를 하지 않는 것이 문제입니다.

하나님 앞과 살아 있는 자와 죽은 자를 심판하실 그리스도 예수 앞
에서 그가 나타나실 것과 그의 나라를 두고 엄히 명하노니 너는 말
씀을 전파하라 때를 얻든지 못 얻든지 항상 힘쓰라

목사님, 혹시 성경을 연구하고 설교하
고 기도하는데 왜 힘이 없을까 생각해 보았습니까? 여러
이유가 있겠지만 상당한 부분은 목사님이 복음을 증거
하지 않기 때문일 가능성이 높습니다. 예수님은 배고프
고 지친 때였지만 사마리아 여인에게 전도하셨습니다.
제자들이 구해 온 음식을 권하자 "나의 양식은 나를 보
내신 이의 뜻을 행하는 것이라" 하셨습니다(요 4:34). 물

동이를 버려두고 동네로 뛰어가며 그리스도를 만났다고 소리치는 여인을 볼 때 좋은 식사를 한 것보다 더 원기와 생기를 얻으셨다는 말씀입니다. 나도 주님을 믿고 감격하며 감사하는 영혼들을 볼 때마다 고난을 이겨 내고 더 열심히 사역할 힘이 생겼습니다.

나는 목회자가 일선에 나서서 전도하는 것이 절대적으로 필요하다고 확신합니다. 그래서 사형 집행을 기다리던 중 디모데 목사에게 편지를 썼습니다. 여러 가지를 썼지만 강조한 것은 전도하라는 것이었습니다. 전도할 때 가장 힘 있게 목회 사역을 감당할 수 있을 줄 알았기 때문입니다.

디모데는 아직 나이가 많지 않았고 소심한 성격도 있었습니다. 복음 때문에 고난받는 나를 부끄러워하게 되면 복음을 부끄러워하게 되고 그 자신은 고난을 피하려 할 수 있다는 생각이 들었습니다. 그래서 디모데에게 그도 복음을 전하면서 고난을 받으라고 권면했고, 편지를 마무리하면서 디모데 목사에게 전도를 더 강조해 주었습니다.

하나님 앞과 살아 있는 자와 죽은 자를 심판하실 그리스도 예수 앞에서 그가 나타나실 것과 그의 나라를 두고 엄히 명하노니 너는 말씀을 전파하라 때를 얻든지 못 얻든지 항상 힘쓰라(딤후 4:1-2).

여기서 전도하라는 말이 단순한 명령이 아니라 엄한 명령이라고 밝혔습니다. 게다가 하나님과 예수님의 권위를 힘입어 하는 명령이라고 했습니다. 디모데는 "말씀을 전파하라"는 말 앞에 붙인 많은 수식어와 문장 구성을 보고 내가 주는 명령의 엄중함을 놓칠 수 없었을 것입니다.

디모데는 나와 함께 전도를 많이 해 왔지만 바쁜 목회의 일에 묻혀 불신자들에게 말씀을 전파하는 일이 뒷전으로 밀려날 가능성이 다분히 있었습니다. 그래서 복음 전도가 그가 수행해야 할 중요한 임무인 것을 상기시킨 것입니다. 그러고도 이어서 다시 한 번 강조했습니다.

너는 모든 일에 신중하여 고난을 받으며 전도자의 일을 하며 네 직무를 다하라(딤후 4:5).

"고난을 받으라", "전도자의 일을 하라", "직무를 다하라"는 별개의 세 가지 당부를 하는 것 같아 보이지요? 하지만 내가 세 부정동사 명령형을 쓰면서 "전도자" 앞에 정관사를 쓰지 않은 것을 유의하십시오. 이것은 세 가지를 균형 있게 하라는 뜻이 아닙니다. 목회 사역에 겸하여 부수적으로 전도 사역도 하라는 말은 더구나 아닙니다. 오히려 디모데의 목회 사역의 본질적 직무가 복음을 전하는 것이며 그럴 때 오는 고난을 달게 받으라는 의미입니다. 나의 사역을 이어 갈 디모데에게 반드시 전도하는 목회자가 되라고 명령하고 당부한 것입니다. 목사님에게도 그 말씀을 드리고 싶습니다.

에베소서 4장 11절을 잘못 해석하여 전도가 목회자들에게 얼마나 중요한가를 인식하지 못하게 되는 경우가 많습니다.

그가 어떤 사람은 사도로, 어떤 사람은 선지자로, 어떤 사람은 복음 전하는 자로, 어떤 사람은 목사와 교사로 삼으셨으니(엡 4:11).

교회 지도자들 중에 사도, 선지자, 전도자, 목사, 교사의 다섯 가지 역할이 있다고 이해하는 경우가 많습니다. 나는 "목사"와 "교사" 앞에 정관사를 따로 붙이지 않고 "목사" 앞에 하나만 썼습니다. 고린도전서 12장 28절에서는 "목사"는 빼고 "교사"만 적기도 했습니다. 목사와 교사는 일인이역으로서, 목양하고 가르치는 일을 동시에 하는 한 개체로 본 것입니다.

중요한 것은 사도든 선지자든, 전도자든, 목사와 교사든 성도들을 그리스도의 장성한 분량이 충만한 데까지 이르게 해야 할 임무가 있다는 것입니다. 복음을 전하는 책무도 다해야 합니다.

사도로서 내가 한 제일 중요한 일은 복음을 전한 것이었습니다. 사도 베드로는 주님으로부터 "내 양을 치라"는 목회적 임무와 함께 "온 천하에 다니며 복음을 전파하라"는 전도자의 임무도 부여받았습니다. 빌립은 '집사'였지만 복음을 전하는 전도자였습니다. 나도 목회자인 디모데와 디도에게 "가르치라"고 여러 번 권면했습니다. 동시에 전도인의 책무를 다하라고 엄중히 명령하기도 했습니다. 한 가지 분명한 것은 이 네 가지 지도자의 역할이 확연히 구분되는 것이 아니라 서로 연관이 되어 있고, 공통분모는 복음을 전하는 임무라는 것입니다.

따라서 혹시 목사님이 '나는 목회자로 부르심을 받았으니 전도하는 일은 나의 책무가 아니다'라고 생각한다면 내가 적은 서신서 본문과 성경 전체의 흐름을 오해한 것입니다. 오히려 목회자는 자신이 전도할 뿐 아니라 성도들을 전도할 수 있도록 격려하고 준비시키는 중요한 역할도 부여받았음을 잊어서는 안 됩니다. 나의 목회 사역은 복음 전도의 결과이며 연장이었습니다.

전도를 강조하는 것이 성도들에게 부담을 주는 것이라 생각하지 마십시오. 전도할 때 성도들의 영이 새로워집니다. 성도들이 예배를 통해 성령 충만, 말씀 충만, 기도 충만해져서 주중에 삶의 현장에서 그리스도의 사랑을 보여 주며 섬기고, 복음을 전하도록 안내해 주어야 합니다. 성도들이 교회 밖에서 어떤 삶을 사는지 관심을 가지고, 특히 전도자의 삶을 살 수 있도록 준비시키는 것이 목회자의 가장 중요한 임무 중 하나라는 것을 잊지 마십시오.

# 전도는 예수님처럼

전도가 얼마나 중요한 것인가는 예수님의 삶과 사역에 가장 잘 나타나 있습니다. 주님은 공생애를 시작하시기 전 나사렛 회당에서 이사야 61장 1-2절 말씀을 인용하시면서 사역의 청사진(manifesto)을 제시하셨습니다.

주의 성령이 내게 임하셨으니 이는 가난한 자에게 복음을 전하게 하시려고 내게 기름을 부으시고 나를 보내사 포로된 자에게 자유를, 눈먼 자에게 다시 보게 함을 전파하며 눌린 자를 자유롭게 하고 주의 은혜의 해를 전파하게 하려 하심이라(눅 4:18-19).

이 비전선언문에 세 번이나 반복된 단어가 "전파"입니다. 주님은 복음을 완성하시고 전하러 오셨습니다. 당신이 메시아로 기름 부음을 받으신 이유가 바로 가난한 자에게 복음을 전하기 위함이라는 철저한 소명의식을 가지고 계셨습니다.

주님은 이것을 제자들에게 분명히 가르치셨습니다.

공생애 초기에 새벽 일찍 일어나 혼자 한적한 곳에 가서 기도하셨습니다. 그때 제자들이 찾아와 어제 말씀을 듣고 표적을 본 사람들이 집에 가지 않고 밤에 노숙했는데 말씀을 더 들으려고 모여 기다리고 있으니 빨리 가시자고 했습니다. 예수님은 "우리가 다른 가까운 마을들로 가자 거기서도 전도하리니 내가 이를 위하여 왔노라" 하시고 온 갈릴리에 다니시며 그들의 여러 회당에서 전도하시고 또 귀신들을 내쫓으셨습니다(막 1:35-39).

주님은 "나는 전도하러 이 땅에 왔다. 잃어버린 자를 찾아 구원하러 왔다"고 분명히 말씀하셨습니다(눅 19:10). 큰 회중을 가르칠 수 있는 기회를 마다하시고, 찾아오지 못하는 영혼들을 찾아 모든 도시와 마을에 두루 다니시면서 복음을 전파하셨습니다(마 9:35-36). 주님은 당신이 오신 목적을 분명히 인식하고 계셨습니다. 전도가 그분의 사역 비전이었기 때문입니다.

# 아직 우리에 들지 않은 양들

목회자가 전도하길 바라시는 주님의 마음이 잘 나타난 말씀이 요한복음 10장 16절이라고 생각됩니다.

> 또 이 우리에 들지 아니한 다른 양들이 내게 있어 내가 인도하여야 할 터이니 그들도 내 음성을 듣고 한 무리가 되어 한 목자에게 있으리라(요 10:16).

주님은 아직 우리에 들지 않은 다른 양들도 "내 양"이라고 하셨습니다. 그들도 인도하여야 할 것이라며 찾아 나가셨습니다. 그들도 주님의 음성을 듣고 우리 안에 들어와 우리 안에 있던 양들과 한 무리가 되기를 원하셨습니다.

내가 이런 주님의 마음을 경험한 적이 있습니다. 누가나 내가 낱낱이 기록하지 않았지만 사실 고린도에서 전도하는 동안 핍박이 참으로 심했습니다. 그때 주님이 환상 중에 나타나셔서 말씀해 주셨습니다.

두려워하지 말며 침묵하지 말고 말하라 … 이 성중에 [아직 믿지 않으나 곧 믿을] 내 백성이 많음이라(행 18:9-10).

나는 그때 아직 우리에 들지 않은 주님의 백성을 위해 침묵하지 말고 복음을 전해야 한다는 것을 깨닫고 전도하기를 멈추지 않았습니다.

흔히 목회자는 교회 안의 성도들, 즉 우리 안에 있는 양을 돌보는 것이 자신의 책무라고 생각합니다. 그래서 교인들에게 많은 시간과 정성을 쏟아붓습니다. 당연하고 불가피하기도 합니다. 주님이 "내 양을 치라" 하셨기 때문입니다. 그런데 주님이 말씀하신 "내 양" 속에 아직 교회라는 우리 속에 들지 않은 불신자들도 포함되어 있다는 것을 잊어서는 안 됩니다. 예수님의 관점을 따라 아직 우리 교회에 들어오지 않은 교회 주변의 불신자들도 내 양이라 생각하고 그들을 찾아가는 목자가 되길 바랍니다.

에스겔 34장에 거짓 목자에 대해 경고하는 말씀을 기억할 것입니다. 그 경고의 핵심은 목자들이 잃어버린 자를 찾아 나서지 않는다는 것이었습니다. "잃어버린 자를 찾지 아니하고", "내 양 떼가 온 지면에 흩어졌으되 찾고 찾는 자가 없었도다", "내 목자들이 내 양을 찾지 아니하고"(겔 34:4, 6, 8). 그래서 주님이 직접 양 떼를 찾아 나서겠다고 하셨습니다. "곧 내가 내 양을 찾고 찾되", "내가 내 양을 찾아서", "내가 친히 내 양의 목자가 되어 … 그 잃어버린 자를 내가 찾으며"(겔 34:11-16).

잃어버린 자를 찾아다니다 보니 주님의 은혜로 나는 고린도에서 사역하면서도 고린도 지역을 넘어 복음을 전하려 했고(고후 10:16), 에베소에서 사역하는 동안에도 아시아의 다른 여러 도시와 마을에 복음을 전하고 교회를 세울 수 있었습니다.

길을 잃은 양들이 스스로 집을 찾아오지 못하듯이 영적으로 죽은 영혼들은 스스로 주님을 찾아오지 못합니다. 좋은 예배와 설교를 준비해 놓았으니 불신자들이 제 발로 찾아오겠거니 기대하는 것은 착각입니다. 주 예수님도 잃어버린 영혼을 찾아 모든 도시와 마을을 두루 다니셨습니다. 자전거도 없었던 시절에 먼지가 흩날리는 길을 걸어 찾아가셨습니다. 군대 귀신 들린 한 영혼을 찾아 제자들을 모두 데리고 폭풍을 뚫고 가셨습니다.

한 영혼을 구하는 일이라면 어떤 먼 걸음도 마다하지 않으셨습니다. 어떤 대가도 기꺼이 치르셨습니다.

목사님, 교회라는 우리 안에 든 양들만 섬기는 목회를 하지 마십시오. 아직 우리에 들지 않은 주님의 다른 양들에게 관심을 가지고 찾아 나서십시오. 목사님 스스로도 잃어버린 양들을 찾아 나서고, 또한 성도들을 가르치고 동원하여 아직 우리에 들지 아니한 주님의 양을 찾아 나서는 교회로 이끌기를 당부합니다. 예배를 통해 말씀 충만, 기도 충만, 성령 충만해졌다면 그 뜨거움을 교회와 성도들 안에 가두어 둘 것이 아니라 주중에 삶의 현장에서 전도로 연결하게 해야 할 것입니다.

담임 목회자들은 성장이 안 되는 것과 재정적으로 부족한 열악한 교회 현실을 가장 힘들어 합니다. 그래서 성도들에게 전도해야 한다고 강조하기도 합니다. 맞는 말입니다. 전도하지 않고 성장할 수 없습니다. 주님은 "사람을 강권하여 데려다가 내 집을 채우라"(눅 14:23)고 하셨습니다. 전도로 개척하고 전도로 성장시키는 것이 성경적 모델입니다. 전도하는 교회가 되도록 변화를 가져올 사람은 바로 목사님입니다. 전도에서도 "돌격 앞으

로!"를 외칠 것이 아니라 "나를 따르라!"로 본을 보여야
합니다.

주님은 낚싯대를 들고 사람을 낚는 어부로 우리를
부르지 않으셨습니다. 그물을 들고 함께 물속으로 뛰어
들어 사람을 낚는 어부로 부르셨습니다. 교회마다 전도
대가 있어야 하는 이유이고, 몇 개의 전도대가 있으면 활
발한 전도 활동을 지속할 수 있을 것입니다.

먼저 교회에 광고하여 신청받아 전도대원을 모집하
고, 대원들이 모여 교회와 대원들에 맞는 전략적 전도 형
태를 논의하여 모일 장소, 전도 장소, 시간과 날짜를 정
합니다. 전도 형태에 따라 어느 정도의 전도 훈련 과정
을 마친 후, 정기적 전도 활동을 중단 없이 지속합니다.

목사님은 주중 예배에서 전도 간증과 보고를 할 기회
를 만들고, 새벽기도회와 주일예배 대표기도에서 전도대
를 위해 기도하게 부탁합니다. 온 교회가 전도 활동에 대
해 관심을 갖고 기도하게 될 것입니다.

목사님이 전도에 참여하면 자연히 설교에서 전도 경
험을 예화로 나누게 될 것입니다. 따끈한 전도 간증으로
목사님의 설교는 생동감이 넘칠 것이고 성도들은 전도하

는 목사님을 존경하게 될 것입니다. 목사님의 전도 모본을 보고 점점 전도에 대한 관심과 참여가 늘어날 것입니다. 몇 년이고 전도를 지속적으로 이어 가는 동안 교회는 전도 중심적 목회로 체질이 바뀔 것입니다. 이런 일은 너무 중요하여 누구에게 위임해서는 안 되고 담임 목사가 직접 챙겨야 합니다.

한 가지 꼭 기억해야 할 것은 교회 성장이 전도의 주목적이 되어서는 안 된다는 것입니다. 물론 전도하다 보면 교회가 성장하는 경우가 있습니다. 그러나 양적 성장이 우선적 목표라면 작은 교회의 성도들은 목사님이 큰 교회를 꿈꾸는가 보다 생각할 수 있습니다. 큰 교회 성도들은 우리 교회가 왜 더 커지려고 전도하는가, 작은 교회들을 생각하지 않고 너무 욕심을 내는 것은 아닌가 의구심을 가질 수 있습니다. 그래서 호응이 적을 수 있습니다. 작은 교회든지 큰 교회든지 모두 전도해야 하는 이유는 우리 주변에 예수님을 모르고 멸망으로 달려가는 영혼들이 너무 많기 때문입니다.

큰 교회들은 다른 교회들에서 수평 이동하는 성도들을 될 수 있는 대로 받지 말아야 합니다. 불가피한 경우도 있을 것입니다. 그러나 그런 것을 기대하거나 은근히 좋아해서는 안 될 것입니다. 승자의 쾌감을 갖는다면 심각한 문제입니다. 회심으로 인한 성장이 없다면 오히려 애통하게 여겨야 할 것입니다. 큰 교회들은 전도 인력을 최대한 동원해서 주변이나 다른 지역의 작은 교회나 개척 교회들을 지원해 주어야 할 것입니다.

작은 교회의 목회자는 성도들이 다른 교회로 옮기더라도 신앙을 버리지 않은 것을 감사하며 축복하여 보내는 넉넉한 마음을 가지면 좋겠습니다. 낙심하지 말고 영성과 성품으로 따뜻하게 섬기는 목회에 최선을 다하십시오. 회중은 적지만 따뜻한 공동체를 감사한 마음으로 섬기면 얼마든지 보람을 느끼고 주님이 기뻐하시는 목회를 할 수 있을 것입니다.


## 예수님의 제자 훈련


현대 목회자는 설교에 온 힘을 쏟아붓는 경우가 많습니다. 교회가 커지면서 성도들이 목회자를 볼 시간이 예배 시간으로 제한되는 경우가 많기 때문입니다. 교회의 양적 성장에 관심을 쏟으며 초대 교회의 성장을 그 모델로 삼는 경우가 많습니다. 베드로의 오순절 설교나 내가 고린도와 에베소에서 전했던 설교에 성장의 비결이 있었다고 생각하는 것입니다.

목회자가 성경적 설교를 잘하려고 노력하는 것은 당연하고 감사한 일입니다. 하지만 목사님도 이렇게 생각한다면 한 가지 중요한 원리를 간과한 것입니다. 초대 교회가 성장한 것은 사도들이 불신자들에게 말씀을 전했기 때문입니다. 사도행전 2장과 3장에서 보는 대로 베드로는 불신자들에게 예수 복음을 분명하게 전했고, 그 결과 많은 사람이 회심했고, 그들이 모여 교회라는 새로운 공동체를 형성했습니다.

예루살렘 교회가 점점 커지고 해야 할 일이 많아졌을 때에도 사도들은 "오로지 기도하는 일과 말씀 사역에 힘쓰리라"고 천명하고, 구제와 행정의 일을 일곱 집사들에게 맡겼습니다(행 6:1-6). 이때의 "말씀 사역"을 성도들에게 하는 설교로 이해하는 경우가 많습니다. 물론 그런 면이 없는 것은 아닙니다. 하지만 일곱 집사를 선출한

후 "하나님의 말씀이 점점 왕성하여 예루살렘에 있는 제자의 수가 더 심히 많아지고 허다한 제사장의 무리도 이 도에 복종"했습니다(행 6:7).

누가 그들에게 전도했을까요? 제사장 무리를 전도한 사람들은 초신자 평신도들이기보다 사도들이었다고 보는 것은 당연합니다. 사도들이 행정 업무를 집사들에게 위임하고 제사장 무리를 포함하여 불신자들에게 복음을 전했고, 그 결과로 부흥이 일어났음을 알아야 합니다.

내가 에베소에서 사역할 때 전도를 받고 회심한 마술사들이 간직하고 있던 은(銀) 오만 드라크마, 현재 가치로는 수억 원에 해당하는 엄청난 양의 마술 책을 공개적으로 불태우는 놀라운 사건이 있었습니다. 그 결과 주의 말씀이 힘이 있어 흥왕하여 세력을 얻었습니다(행 19:20). 주님이 엄청난 부흥을 허락해 주셨습니다. 우리는 새신자들을 두란노서원에 모아 매일 오후마다 가르쳤습니다.

현대 교회에서 제자 훈련이 화두가 된 것은 감사한 일입니다. 하지만 대부분의 제자 훈련은 성도들을 모아 성경을 가르치는 교육 위주의 훈련입니다. 안타까운 것은 이런 제자 훈련을 내가 두란노서원에서 했다고 오해하는 것입니다. 우리는 성경 지식보다는 성품 훈련에 주안점을 두었고 가장 강조한 것은 복음 전도 훈련이었습니다. 복음의 내용을 확실하게 숙지하고 불신자들에게 말과 삶으로 전하는 훈련을 했습니다. 두란노서원에서 훈련받은 자들이 아시아 전역으로 나아가 복음을 전했기 때문에 아시아에 사는 모든 사람이 복음을 들을 수 있었던 것입니다(행 19:10).

이 원리는 예수님의 제자 훈련과 일맥상통합니다. 주님은 제자들을 처음 부르셨을 때 "나를 따라오라 내가 너희를 사람을 낚는 어부가 되게 하리라" 하셨습니다(마 4:19). 주님이 제자들을 부르신 첫 번째 이유가 사람 낚는 어부가 되게 하시려는 것이라는 말씀입니다. 주님을 잘 따르면 전도하게 된다는 말씀이요, 얼마나 전도하는가가 얼마나 주님을 잘 따르는가를 가늠해 볼 수 있는 척도가 된다는 말씀입니다.

주님이 그들을 3년 동안 훈련시키신 목표는 사람 낚는 어부가 되게 하시는 것이었습니다. 따라서 예수님의 제자 훈련에 있어서, 여러 측면이 있지만, 가장 중요한 요소는 당신이 완성하실 복음을 전할 일꾼들을 준비시키시는 것이었습니다. 그래서 부활하신 주님은 "오직 성령이 너희에게 임하시면 너희가 권능을 받고 예루살렘과 온 유대와 사마리아와 땅끝까지 이르러 내 증인이 되리라" 하셨습니다(행 1:8).

성령을 보내 주시는 첫 번째 이유가 바로 능력 있는 전도자가 되게 하시기 위함이었음을 놓치지 말기 바랍니다. 성령 충만한 성도의 징표는 전도로 나타나게 되어 있습니다. 예수님이 제자들을 처음 만나셨을 때와 마지막 헤어지면서 하신 말씀이 사람을 낚는 전도라는 공통분모로 연결되어 있음을 잊지 마십시오.

중요한 것은, 주님은 제자도와 전도를 구분하지 않고 동전의 양면같이 불가분의 관계로 말씀하셨다는 것입니다. 현대 교회가 성도들의 성경 지식 성장과 성숙을 위한 가르침에 주력하다 보니 점점 더 교인들을 교회 안에 머물게 하여 세상으로부터 멀어지게 하고 있지는 않은지 생각해 보아야 합니다.

제자 훈련이 교회 멤버십 훈련이 되고 중직을 맡는 데 필요한 스펙이 되어 버리지는 않았는지 돌아보십시오. 많은 시간과 헌신을 요구하는 제자 훈련으로 교회의 시간, 인적, 재정적 자원을 교회 내부에 집중하게 해 상대적으로 교회 밖에 있는 예수님의 양들에게 관심을 쏟지 못하는 의도하지 않은 결과를 가져오지는 않았는지 돌아보아야 합니다.

주님이 "내 양을 먹이라"(요 21:15-17) 반복해 말씀하셨기에 성도들을 좋은 설교와 성경 공부로 먹이는 것은 필요합니다. 전도를 강조하는 것은 성도들에게 말씀을 가르치는 사역을 등한히 하라는 의미가 아닙니다. 주로 대형 교회 목회자들 가운데 훌륭한 설교로 교회 성장을 이룬다고 생각하는 이들이 있습니다. 하지만 그 성장이 수평 이동 성장인지 회심 성장인지 정직하게 생각해 보아야 합니다. 설교로 성장시키는 것이 바람직한 전략이라면 예수님과 나는 왜 여러 곳을 다니며 전도를 했겠습니까? 냉철히 생각해 보기 바랍니다.

주님이 주력하신 사역이 전도였고, 예수님의 제자 훈련의 핵심도 전도 훈련이었고, 내가 주력한 것도 전도였습니다. 목사님의 목회에서 전도는 얼마만한 비중을 차지하고 있습니까? 목사님은 복음 전도 설교를 얼마나 자주 하고 있습니까? 성도들에게 전하는 말씀인 설교와 불신자들에게 나누는 말씀인 전도 사이에서 어떻게 균형을 이루고 있습니까?

이 두 가지의 균형을 유지한다면, 강단 위에서는 호랑이같이 설교하는데 길거리에서 불신자를 만나 전도하려면 고양이같이 약해지는 모순은 없어질 것입니다. 성도들은 목사님이 강단에서 외치는 소리보다 길거리에서 불신자에게 예수님에 대해 속삭이는 소리를 더 존경할 것입니다.

## 설교는 특권입니다

설교는 목회에서 참으로 중요한 부분입니다. 주님은 모든 민족으로 제자를 삼아 주께서 가르치신 모든 것을 가르쳐 지키게 하라 하셨습니다. 설교는 가르치는 수단의 하나입니다. 설교는 하나님의 속성과 하나님이 일하시는 경륜의 비밀과 원리를 깨우쳐 줍니다. 예수님의 인격과 성품과 십자가와 부활과 재림의 의미를 더 깊이 알게

해 줍니다. 믿음과 헌신이 더 돈독하게 되도록 권면하며 복음에 합당하게 생활하며 빛의 자녀로 자라 가도록 지도해 줍니다.

따라서 목회자는 귀를 즐겁게 하는 세상의 지혜를 전하지 말고 하나님의 말씀을 어떻게 삶 속에서 적용해야 하는지 짚어 주어야 합니다. 나아가 하나님의 지혜와 뜻을 전하며 예언자적 역할을 감당해야 합니다. 세상에서 고생하는 성도들에게 위로의 메시지를 전하고 싶은 유혹을 받거나 전해야 할 때도 있지만 설교는 값싼 위로를 주는 수단이 아닙니다.

청중은 신앙과 성숙도와 관심사와 형편이 다양합니다. 게다가 설교를 듣는 사람 중에는 아직 예수님을 믿지 못하거나 의심하는 사람들도 있을 것입니다. 그런데 한 번에 한 편의 설교밖에 할 수 없습니다. 이것이 설교의 한계입니다. 또 하나님의 말씀을 설명하며 대언하는 것이니 목회자가 설교에 엄청난 부담을 갖는 것은 당연합니다.

하지만 설교는 공부한 것을 논리적으로 아름답고 감동적인 예화와 함께 전달하는 것이 아닙니다. 말을 잘

해야 한다는 부담에서 벗어나도 좋습니다. 나도 말을 잘하는 설교자는 아니었습니다. 거짓 선생들은 내 편지들은 무게가 있으나 언변은 신통하지 않다고 비난했고, 나도 인정했습니다(고후 10:10, 11:6).

그런데 설교에서 가장 중요한 것은 하나님의 기름 부으심이고 설교자의 간절하고 진지한 심령입니다. 성령님이 역사하시어 듣는 사람들의 삶 속에 변화가 일어나기를 바라는 열망입니다. 내 설교의 중심은 언제나 예수님이었습니다(고전 1:23). 구약 성경의 뜻을 풀어 그분이 하나님의 아들 그리스도시요, 우리 죄를 대신하여 죽으시고 부활하신 분이라는 예수 복음을 전했습니다. 목사님도 부활의 메시지를 강조하여 성도들이 부활 신앙을 갖게 하기 바랍니다. 전하는 말씀과 듣는 말씀이 성령의 말씀으로 역사하길 기도하십시오.

## 교회 개척과 전략

내가 목회할 때는 사역할 교회를 먼저 개척해야 했습니

다. 예수님에 대해 한 번도 들어 보지 못한 사람들에게
예수님이 누구시며 그분이 인류를 위해 십자가와 부활
을 통하여 하신 크고 놀라운 일을 먼저 전해야 했습니
다. 하나님은 모든 사람이 구원을 받으며 진리를 아는
데 이르기를 원하시고, 복음은 믿는 모든 자에게 구원을
주시는 하나님의 능력이기에 복음을 전할 때에 믿는 사
람들이 생겼습니다. 성령께서 마음을 열어 주신 결과였
습니다. 하지만 나도 최선을 다하여 복음을 분명하고 담
대하게 전하려고 노력했습니다.

복음이 전해지는 곳마다 믿는 자들이 생겼고, 이들
을 모아 더 가르치다 보니 공동체가 형성되었고, 이것이
바로 교회였습니다. 소수의 초신자들로 시작했습니다.
이들이 미숙한 지식과 이해로 주님을 예배하고 기도할
때에 성령께서 함께하시는 역사가 나타났습니다. 예수
님께 감사하고 헌신하기 시작했습니다.

다신(多神) 종교 사회에서 유일신을 믿는 신앙을 갖
게 되자 핍박이 몰려왔습니다. 감사하고 신기하게도 초
신자들은 육체적, 정신적 온갖 박해를 기꺼이 감당했습
니다. 나는 이들에게 믿음을 지키라고 격려하고 실질적

필요를 돌보며 창조주 하나님에 대한 방대하고 놀라운 원리와 예수님의 제자로서 살아가야 하는 삶의 모습을 하나씩 가르쳐야 했습니다. 나의 목회 사역은 그렇게 시작되었습니다.

교회 개척은 지상 명령을 받은 사도들과 내가 온 세상에 복음을 전하기 위해 실행했던 전략입니다. 예수 그리스도는 어제나 오늘이나 영원토록 동일하시고, 그분의 전략은 오늘도 마찬가지입니다. 나는 교회는 전도로 개척되고 전도로 성장한다는 원리를 경험해 왔습니다. 주님은 사도들이나 목회자들에게 교회를 개척하라고 명령하신 적이 없습니다. 복음을 전하라고 강조하셨습니다. 개척보다 전도가 먼저 와야 합니다. 전도의 결과로 교회가 개척됩니다. 교회는 신앙고백 위에 세워지는 것이므로 복음을 전하는 전도가 가장 기초적이라는 사실을 기억하십시오.

교회를 개척하려면 전략을 가지고 전도하는 것이 필요합니다. 같은 지역에서 집중적으로 전도함으로써 믿는 자들을 교회 공동체로 모을 수 있어야 합니다. 개척이 힘들다 생각하겠지만 지금 목사님의 형편이 내가 개

척하여 목회할 때보다 낫다고 생각합니다. 이미 함께 전
도하고 여러 은사로 도울 성도들이 있기 때문입니다.

21세기에 교회 개척은 불가능하다고 체념하지 마십
시오. 믿는 모든 자에게 구원을 주시는 복음의 능력을
믿으십시오. 예수님이 믿음의 고백 위에 그분의 교회를
세우겠다 하셨으니 교회를 세우실 것입니다. 하지만 사
람을 통하여 세우신다는 것을 기억하십시오. 그분의 말
씀을 의지하고 믿음과 순종의 발걸음을 내딛는 일꾼을
주님이 찾으십니다. 전도를 이벤트식이나 간헐적으로
하지 않고, 정규적이고 지속적으로 하여 결신자와 관심
자를 모으고 섬기면 오늘도 교회 개척이 얼마든지 가능
합니다.

지금 목사님들의 대부분은 다른 목회자에 의해 세워
진 교회에 부임하여 목회하고 있습니다. 그래서 나는 도
전하고 싶습니다. 섬기는 교회를 통해 다른 교회를 개척
해 보십시오. 교회를 개척하는 것은 큰 축복입니다. 창
조주 하나님과 예수님을 모르던 사람들이 복음을 듣고
예수님을 믿어 하나님의 백성이 되고 살아 계신 하나님
을 예배하고 섬기며 새로운 가치관과 인생관을 가지고

살아가는 공동체를 세우는 일은 아주 보람 있는 일입니다. 아직 담임 목회를 하지 않고 있다면 개척하여 담임 목회를 할 꿈을 꾸어 보십시오.

목회자가 유명하여 몇 달 만에 수백 명, 수천 명의 기존 성도들이 모여든다면 엄격한 의미에서 교회 개척이 아닙니다. 다른 교회에서 100-300명 성도들을 떼어 주는 분리 개척도 마찬가지입니다. 분리 개척을 굳이 피해야 하는 것은 아니겠지만 그것을 바라거나 그런 일이 있으면 좋아하지 말고 불신자를 전도하는 체제로 즉시 전환해야 합니다. 인적, 재정적 지원이 있다면 그것은 어디까지나 과외의 축복이지, 그것이 있으면 개척하고 없으면 시도조차 않는 것은 지양해야 할 것입니다.

쉬운 개척은 없습니다. 나도 개척하면서 얼마나 정신적, 육체적 박해를 받았는지 모릅니다(고후 11:23-27). 주님이 "내가 내 교회를 세우리라" 말씀하신 후에 비로소 십자가 고난을 언급하신 것은 교회를 세우기 위해 십자가를 지시겠다는 말씀이었습니다. 뒤이어 교회를 세울 일꾼인 제자들에게도 "자기 십자가를 지고 나를 따르라" 하신 것은 교회를 세우는 일을 위해서는 우리도 자기 희생을 꼭 감수해야 한다는 의미였습니다.

현대 개척자들에게는 재정적 불안정을 감수하려는 희생이 필요합니다. 기존 교회를 목회하는 목사님들도 지교회를 개척하거나 개척자를 지원하는 비전을 진지하게 꿈꾸고 실천하면 좋겠습니다. 교회를 개척하는 것은 결코 없어지지 않을 영원한 역사를 시작하는 것입니다. 행여 그 교회가 언제 문을 닫는다 하더라도 그 교회가 했던 사역의 노력과 열매는 영원으로 연결됩니다.

# 8

따뜻한
교회 공동체를
만들어 가십시오

파올로 프리올로, 〈가택연금 중 방문객을 맞는 바울〉(1866)

하나님이 당신의 백성들을 목양하는 소명과 축복을 주셨습니다. 맡은 자에게 구할 것은 충성이라 하셨으니 바울같이 회중의 크기에 상관없이 주어진 상황마다 최선을 다하고 싶습니다. 나의 목양으로 하나님이 구상하신 예수 공동체가 제대로 세워지게 하시고, 성도들을 행복한 신앙생활로 친절하고 확실하게 안내하게 도와주시길 간구합니다.

믿는 사람이 다 함께 있어 모든 물건을 서로 통용하고 또 재산과 소유를 팔아 각 사람의 필요를 따라 나눠 주며 날마다 마음을 같이 하여 성전에 모이기를 힘쓰고 집에서 떡을 떼며 기쁨과 순전한 마음으로 음식을 먹고 하나님을 찬미하며 또 온 백성에게 칭송을 받으니 주께서 구원받는 사람을 날마다 더하게 하시니라

교회는 주님이 세우신 그리스도의 몸입니다. 예수님을 주님과 구주로 고백하여 성도라 부르심을 받은 사람들이 모인 공동체입니다. 하나님을 한 아버지로 모신 가족 공동체이고, 그 머리는 예수님이십니다. 그럼에도 불구하고 지역 교회는 완벽하지 못합니다. 새로운 피조물로 지음을 받은 성도들이 모였지만 옛사람을 벗어 버리고 새사람을 입기까지 시간이 필요하기 때

문입니다. 성숙의 속도가 다른가 하면 뒷걸음 치는 사람도 있기 때문입니다.

내가 개척하고 목회한 교회들도 정도의 차이는 있었지만 마찬가지였습니다. 특히 고린도 교회는 문제가 많았습니다. 선호하는 지도자들을 따라 교회가 네 파로 나뉘어 있었습니다. 심각한 근친상간의 죄가 있었는데 지도자들까지도 범죄한 형제를 용인하는 형국이었습니다. 성도들끼리 분쟁도 있었는데 교회에서 해결할 생각을 하지 않고 세상 법정에 고소하기도 했습니다. 교회 안에 방언과 예언 같은 성령의 은사를 활용함에 있어 질서가 세워지지 않아 혼동이 많았습니다. 성도들은 아직도 육신에 속한 자들이었습니다(고전 3:3).

그럼에도 불구하고 고린도 성도들을 나무라기에 앞서 나는 그들이 '하나님의 교회'라는 것과 그 교회 공동체가 성령이 내주하시는 성전이라고 선언해 주었습니다. 주님이 교회를 나의 기대나 기준으로 보지 않고 주님의 관점에서 보도록 넉넉한 마음을 주셨습니다. 그래서 편지를 쓰면서 하나님과 예수님의 은혜와 평강을 기원했습니다. 비록 그들은 부족하지만, 하나님이 그들에게 구원의 은혜를 주셨다는 사실만으로도 항상 하나님께 감사하는 자세를 가졌습니다.

먼저 감사의 조건을 찾았습니다. 내가 전해 준 가르침을 지키는 것, 모든 언변과 지식에 풍족한 것, 은사에 부족함이 없는 것, 예수님의 재림을 사모하는 그들의 장점을 구체적으로 언급하며 칭찬했습니다. 주께서 나타나실 때까지 책망할 것이 없는 교회로 끝까지 견고하게 하실 하나님을 신뢰하는 믿음을 가지고 기도와 교훈으로 교회를 도우려 했습니다.

갈라디아 교회들도 문제가 있기는 마찬가지였습니다. 신앙생활을 잘하다가 믿음으로 얻은 구원의 충족성을 망각하고 유대주의자들의 꾀임에 빠져 유대 절기와 율법을 지키는 사람들이 생겼습니다. 내가 전한 복음과 거짓 선생들이 전하는 복음의 차이를 분간하지 못하고 어리석게도 속히 다른 복음을 따랐습니다. 나는 많이 실망했지만 그들 속에 그리스도의 형상을 이루기까지 다시 해산하는 수고를 하기로 했습니다(갈 4:19).

고린도후서 11장 23-27절에 적은 스물다섯 가지 육체적 고통보다도 더 심하게 날마다 나를 누르는 고통은 모든 교회를 향한 염려였습니다. 누구의 믿음이 약해지거나 넘어지면 나는 너무 애가 탔습니다(고후 11:28).

목사님의 교회에도 어려움과 문제가 있을 것입니다. 이상한 일이 아닙니다. 하지만 이런 문제들은 그냥 방치하면 안 됩니다. 나는 교회 안의 음행이나 파당이나 성만찬 때 남을 배려하지 않고 먼저 다 먹어 버리는 행위는 잘못되었다고 단호히 지적했습니다. 교회와 성도의 문제는 그 핵심을 파악하고 조심스럽게 다루어야 합니다. 어떤 때는 부드러워야 하고 어떤 때는 단호해야 하므로 성령의 인도와 도우심이 절실합니다.

어떤 상황에서도 성도들을 향하여 분(憤)을 내서는 안 됩니다. 모세가 마땅히 화낼 수 있었던 상황이었음에도 불구하고 단 한 번 분노에 차서 바위를 내리친 것을 이유로 들어 하나님이 약속의 땅에 들어가는 것을 허락하시지 않았던 것을 기억하십시오(민 20:10-12; 신 32:51-52, 34:4). 사역자가 성도들에게 분을 내는 것은 하나님의 거룩하심을 가리는 것이어서 하나님은 그 책임을 물으십니다.

나도 교회들에게 실망하여 야단쳐야 할 일이 많을

때에도 분을 쏟기보다 사랑을 가지고 권면하려 애썼습니다. 그리스도 예수 안에서 내가 복음으로써 그들을 낳았기에 항상 아비의 심정으로 성도들과 교회의 문제를 대했습니다. 매를 들기보다 사랑과 온유한 마음으로 나아갔습니다(고전 4:14-15, 21). 돌아보면 나의 목회는 기도와 호통과 눈물과 사랑이 어우러져 참 교회의 모습을 찾아가려는 여정이었다는 생각이 듭니다.

누가 약해지면 목사님의 마음이 무너져 내리고 누가 실족하면 애끓는 심정으로 훈계한다면 성도들이 목사님의 사랑을 보고 느끼고 감동을 받을 것입니다.


## 감사하고 칭찬하는 목회자

따뜻한 교회 공동체를 만들기 위해서는 목회자와 성도들, 성도들과 성도들 사이에 관계가 돈독하여야 되겠습니다. 이 교회 공동체가 왜 존재하는지에 대해 같은 비전을 가지고 예수님을 예배하고 전하는 사명에 하나가 되어야 합니다.

앞에 말씀드린 것과 같이 내 눈에 실망할 일들이 많이 보였지만 하나님은 먼저 감사하고 칭찬하고 기도할 마음을 주셨습니다. 긍정적인 것부터 보게 해 주셨습니다.

목사님도 교회와 성도들의 긍정적인 것을 먼저 보십시오. 구체적 이유를 생각하면서 감사한 마음을 가지십시오. 하나님께 감사의 기도를 드리고 성도들에게 구체적으로 감사와 칭찬의 말을 전달해 보십시오. 성도들의 모습이 실망스러울 때에도 말입니다.

고린도 교회의 경우가 특히 심했습니다. 이런 문제들에 대해 권면하는 편지를 쓰려고 앉아 기도로 준비할 때 주님은 감사한 마음부터 주셨습니다.

그리스도 예수 안에서 너희에게 주신 하나님의 은혜로 말미암아 내가 너희를 위하여 항상 하나님께 감사하노니(고전 1:4).

이어서 감사한 구체적 이유를 칭찬으로 적었습니다.

이는 너희가 그 안에서 모든 일 곧 모든 언변과 모든 지식에 풍족하므로 그리스도의 증거가 너희 중에 견고하게 되어 너희가 모든 은사에 부족함이 없이 우리 주 예수 그리스도의 나타나심을 기다림이라(고전 1:5-7).

칭찬은 구체적이어야 합니다. 사람의 마음을 얻으려고 아첨의 말을 하면 안 됩니다. 내가 사역하면서 명심한 것은 아무 때에도 아첨의 말을 하거나 탐심의 탈을 쓰면 안 된다는 것이었습니다(살전 2:5).

물론 고린도전후서에서는 성도들의 잘못을 지적하며 많이 책망했고 행동으로 바로잡아야 할 많은 항목을 제시했습니다. 칭찬하지 못할 것은 칭찬할 수 없다고 분명히 밝혔습니다(고전 11:17, 22). 그렇지만 함께 있는 동역자들의 안부와 사랑도 함께 전하며 위로와 사랑과 평강과 축복의 말로 편지를 마무리했습니다(고전 16:19-24; 고후 13:11-13).

데살로니가 교회에는 주님의 재림의 시기에 대한 오해로 세상이 곧 끝난다면서 일하지 않고 게으른 성도들이 있었습니다. 그런 사람들을 단호히 꾸짖는 말을 편지에 담았습니다. 하지만 먼저 하나님께 감사하는 마음과 칭찬의 말을 가득 표현했습니다.

데살로니가 교회는 처음부터 특별했습니다. 처음 복음을 전할 때 성령의 역사와 능력으로 전달되었습니다. 성도들은 우리가 전한 복음을 사람의 말로 받지 않고 하나님의 말씀으로 받았습니다. 예수님을 믿은 후 성도들은 곧바로 많은 환난을 겪었습니다. 그럼에도 불구하고 성령의 기쁨으로 말씀을 받고 삶 가운데 변화를 보이기 시작했습니다. 우상을 버리고 하나님께 돌아오는 모습이 분명했습니다. 그들의 믿음의 소문이 각처로 퍼져 나갔습니다. 환난도 잘 이겨 냈습니다.

하나님을 기쁘시게 하기 위하여 어떻게 행해야 하는지, 형제를 어떻게 사랑해야 하는지 가르쳤는데 그대로 실천하고 있다는 소식을 듣고는 더욱 그렇게 행하라고 언급만 하는 것으로 충분했습니다. 다른 교회들에게도 이 교회의 모습을 자랑했습니다. 데살로니가 교회는 우리의 영광이요 기쁨이었습니다. 성도들을 통해 이런 기쁨을 주시는 하나님께 '능히 어떠한 감사로 보답할까' 생각하며 감격했습니다(살전 1:2-4, 3:9; 살후 1:3-4, 2:13).

신앙을 가진 지 얼마 되지 않은 성도들이 많은 핍박에

도 불구하고 믿음의 역사와 사랑의 수고와 소망의 인내를 실천하고 있었으니 얼마나 감사합니까? 하나님이 이들을 사랑하셔서 택하시고, 이들이 주 예수님의 복음을 듣고 마음을 열어 믿고, 예수님을 주님과 구주로 고백했다는 사실 하나만으로도 나는 가슴 깊이 감사했습니다.

빌립보 교회도 생각할 때마다 하나님께 감사했습니다. 그들을 위해 기도할 때마다 기쁨과 감사가 넘쳤습니다. 복음의 씨앗을 뿌린 첫날부터 가이사랴 감옥에서 편지를 보낼 때까지 거의 10년 동안 복음을 위한 일에 동역하고 있었기 때문입니다(빌 1:3-5).

특별히 내가 선교 사역을 하는 동안 재정적으로 여러 차례 지원을 아끼지 않았습니다. 나는 자비량하기도 하고 자족하기를 배웠기에 그들의 지원이 없어도 사역할 수 있었지만 그들의 헌신적 후원과 기도는 분명 하나님이 받으실 향기로운 제물이었습니다. 그래서 빌립보 교회에 감사와 칭찬의 말을 진심을 담아 길게 표현했습니다(빌 4:10-18).

갈라디아에서도 마찬가지였습니다. 유대주의자들이 갈라디아 교회들을 심각하게 훼방한 상황에서 쓴 편지를 보고 내가 갈라디아 성도들을 꾸짖는 것으로만 생각하면 안 됩니다. 감사의 말을 적기 쉽지 않았지만 주님의 은혜와 평강부터 빌어 주었습니다(갈 1:3). 성도들이 나를 환대한 것에 대해 감사하는 말을 잊지 않았습니다.

갈라디아에 처음 도착했을 때 나는 건강이 좋지 않았고 몰골이 흉칙했습니다. 그러나 그들은 나를 업신여기거나 배척하지 않고 눈이라도 빼어 줄 심정으로 보살펴 주었습니다. 하나님의 천사와 같이 또는 예수님같이 대해 주었습니다. 그때를 기억하며 구체적으로 감사의 말을 적었습니다.

목사님도 사랑과 책망의 영역을 분변하여 따뜻한 칭찬과 준엄한 교훈을 줄 수 있길 바랍니다. 균형을 잃거나 감정에 치우치지 않고 사랑의 마음으로 지적해 보십시오. 부정적으로보다는 긍정적으로, 원망보다는 감사의 마음으로 성도 개인이나 교회의 문제를 보기 바랍니다. 성도들의 삶에 변화가 있을 것이고 목회의 보람을 찾게 될 것입니다. 따뜻하고 넉넉한 마음을 가진 목회자가 따뜻한 공동체를 만듭니다.

# 선한 일을 힘쓰는 공동체

성도들이 교회 안에서 선을 행하면 교회는 따뜻한 공동체가 될 것입니다. 불신 이웃을 향하여 선을 베풀면 고마운 공동체로 칭송을 받을 것입니다.

'교회와 지역 사회는 하나'라는 공동체 의식을 가지고 교회는 지역 사회를 섬겨야 합니다. 교회는 지역 사회를 아우르는 구심점이 되어야 하며, 희망의 원천이 되어야 합니다. 따라서 지역 사회를 진정으로 섬기려는 자세를 가지고 필요를 알아내어 실질적 도움을 주어야 합니다. 지역 사회 발전을 위한 프로그램을 개발하고 선한 일에 참여하여 불신자들에게도 칭송받을 수 있어야 하겠습니다.

지난 2천 년 동안 강조되어 온 신학의 변화 추이를 보면서 안타까운 것 중의 하나는 교회가 선행을 강조하는 가르침을 소홀히 해 왔다는 점입니다. 그것도 내가 강조한 이신칭의의 가르침 때문에 그런 신학이 유출된 것은 유감스럽습니다. 내가 목회자인 디모데와 디도에게 목회 현장에서 선한 일을 하고 또 강조하라고 지도했던 부분이 목사님에게도 적용되었으면 좋겠습니다.

디도에게 "범사에 네 자신이 선한 일의 본을 보이라"고 했으며 교회의 지도자가 되려면 선행을 좋아하고 행하는 사람이라야 한다고 했습니다. 예수님이 십자가에 못 박혀 돌아가신 목적을 설명하면서 첫째, 모든 불법에서 우리를 속량하시는 것이요, 두 번째 그렇게 하여 깨끗하게 된 우리가 선한 일을 열심히 하는 하나님의 백성이 되게 하려 하심이라고 썼습니다(딛 1:8, 2:7, 14).

더 나아가 "하나님을 믿는 자들로 하여금 조심하여 선한 일을 힘쓰게 하라"고 당부했습니다. 이때 최대한의 강조법을 사용하여 명령했음을 유념해 주십시오. 이 명령 앞에는 "이 말이 미쁘도다 원하건대 너는 이 여러 것에 대하여 굳세게 말하라"면서 주의를 환기시켰고, 뒤에는 이렇게 선행을 하는 것은 아름다우며 성도들에게 유익하다고 부언하면서 성도들에게 선행을 힘쓰게 가르쳐야 한다고 강조했습니다(딛 3:8). 성도들에게 모든 선한 일 행하기를 준비시키라고 반복해서 주문했습니다(딛 3:1, 14).

디모데에게도 선을 행하고 선한 사업을 많이 하도록 가르치라고 강조했습니다(딤전 6:17-18). 감독으로 선출되고 참 과부로 지정받으려 해도 선한 행실의 증거가 있어야 한다고 말했습니다(딤전 5:9-10). 여성도들은 오직 선행으로 자신을 단장해야 한다고 했습니다(딤전 2:9-10). 무엇보다도 "모든 성경은 하나님의 감동으로 된 것으로 교훈과 책망과 바르게 함과 의로 교육하기에 유익하"다고 가르쳤는데(딤후 3:16), 이렇게 성경의 역할을 이야기한 더 중요한 이유를 바로 그 뒤에 썼습니다.

이는 하나님의 사람으로 온전하게 하며 모든 선한 일을 행할 능력을 갖추게 하려 함이라(딤후 3:17).

물론 나는 믿음으로 구원받는 진리를 강조했습니다. 대표적인 몇 구절을 말씀드립니다.

이제는 율법 외에 하나님의 한 의가 나타났으니 율법과 선지자들에게 증거를 받은 것이라 곧 예수 그리스도를 믿음으로 말미암아 모든 믿는 자에게 미치는 하나님의 의니 차별이 없느니라(롬 3:21-22).

만일 은혜로 된 것이면 행위로 말미암지 않음이니 그렇지 않으면 은혜가 은혜 되지 못하느니라(롬 11:6).

하나님이 우리를 구원하사 거룩하신 소명으로 부르심은 우리의 행위대로 하심이 아니요 오직 자기의 뜻과 영원 전부터 그리스도 예수 안에서 우리에게 주신 은혜대로 하심이라(딤후 1:9).

성도들은 믿음으로 말미암아 구원을 받습니다(롬 5:1). 복음은 모든 믿는 자에게 구원을 주시는 하나님의 능력이기에 예수님을 주(Kyrios)로 고백하고 그분의 십자가와 부활을 믿을 때에 구원을 얻게 됩니다(롬 1:16, 10:9). 성경에는 그리스도를 믿음으로 말미암아 "구원에 이르는 지혜"가 담겨 있습니다(딤후 3:15). 예수님도 하나님이 보내신 독생자를 믿는 자마다 영생을 얻게 하셨다고 하면서 구원의 조건으로 믿음 하나만 제시하셨습니다(요 3:16).

나는 선교 사역을 하면서 예수님이 하나님의 아들이시요 그리스도이신 것과 그분이 우리 죄를 대신하여 죽으시고 부활하셨고, 자신의 죄를 회개하고 예수님을 믿는 사람은 구원을 얻을 수 있다는 복음을 전했습니다. 그때마다 수많은 유대인과 이방인이 예수님을 영접하고 구원받아 새로운 사람으로 살게 된 것을 늘 경험해 왔습니다. 하지만 그들이 믿음을 구사하기 전에 먼저 있었던 것은 하나님의 은혜였습니다. 은혜는 받을 자격이 없는 사람에게 주어진 특혜를 말합니다.

하나님의 은혜는 모든 사람에게 늘 주어졌습니다. 이제 구원의 축복은 복음을 듣고 예수님을 믿는 자에게 임합니다. 이렇듯 구원은 믿음으로 얻습니다. 선한 행위나 종교적 행위, 특히 율법을 지키는 행위로는 얻을 수 없습니다(갈 2:16; 딛 3:5). 다시 강조하거니와 "너희는 그 은혜에 의하여 믿음으로 말미암아 구원을 받았으니 이것은 너희에게서 난 것이 아니요 하나님의 선물이라 행위에서 난 것이 아니니 이는 누구든지 자랑하지 못하게 함"입니다(엡 2:8-9).

하지만 믿음으로 구원받은 후에 성도에게 요구되는 것이 있는데 그중의 하나가 바로 선한 행위를 하기에 힘쓰는 것입니다. 구원을 얻기 위해 선행을 하는 것이 아니라 구원을 받았기 때문에 선행을 하는 것입니다. 구원 전의 선행은 구원을 위해 쓸모가 없지만 구원 후의 선행은 필요한 것입니다. 개신교회에서 충분히 강조되지 않는 말씀이 바로 에베소서 2장 10절입니다.

> 우리는 하나님의 작품입니다. 선한 일을 하게 하시려고, 하나님께서 그리스도 예수 안에서 우리를 [새로] 만드셨습니다. 하나님께서 이렇게 미리 준비하신 것은, 우리가 선한 일을 하며 살아가게 하시려는 것입니다(엡 2:10, 새번역).

이 말씀은 행위 없이 믿음으로 구원을 받았다는 8-9절 말씀에 이어 나오는데, 나는 에베소서 2장 8-9절에 이어 10절을 아무 갈등 없이 썼습니다. 내가 믿음으로 이미 구원받은 성도들에게 이 구절을 썼음을 유념해야 합니다. 따라서 이 세 구절을 쓴 가장 중요한 목적은 은혜와 믿음으로 구원받는다는 것을 가르치려는 의도보다 그렇게 구원받은 성도가 이제 할 일은 선한 일을 하면서 살아가는 것임을 강조하기 위함이었습니다.

목사님은 이미 예수님을 믿는 성도들을 가르치고 돕

는 사역을 주로 하니 교회에서 선행을 강조하는 것은 당연한 것입니다. 불신자들에게는 믿음으로 구원을 받으라고 하고, 이미 믿는 신자들에게는 선한 일을 하게 하시려고 하나님이 우리를 구원하셨음을 알게 해야 합니다.

율법 준수를 포함하여 행위로 구원받을 수 없음을 가장 강조한 서신이 갈라디아서입니다. 거기서도 선을 행하되 낙심하지 말고, 모든 사람에게 착한 일을 하되 특히 믿음의 가정들에게 하라고 주문했습니다(갈 6:9-10; 고후 8:21). 구원받은 성도는 복음에 합당하게 살아야 하며 빛의 자녀같이 생활해야 합니다(엡 5:8; 빌 1:27). 선행은 성도가 변화된 삶을 산다는 표식의 하나입니다.

이신칭의를 가장 상세히 설명한 로마서에서도 믿음으로 구원받은 로마 성도들에게 선행을 강조했음을 놓치지 마십시오. "모든 사람 앞에서 선한 일을 도모하라", "선으로 악을 이기라", "선을 행하라", "선을 이루고 덕을 세우"라(롬 12:17, 21, 13:3, 15:2). 그 외에도 로마서 12-15장에서 언급한 수많은 권면의 항목들은 궁극적으로 선을 행하라는 것이었습니다.

이런 면에서 야고보서를 오해하면 안 되겠습니다.

야고보 사도는 선행을 많이 강조했습니다. 반드시 알아야 하는 것은 야고보가 행위로 구원을 받으라고 선행을 강조한 것이 아니라는 것입니다. 야고보는 "[내 사랑하는] 형제들아"를 열다섯 번이나 반복합니다. 믿음으로 구원받은 성도들에게 편지하고 있다는 단적인 증거입니다. 믿음이 있다 하면서 행함이 없는 성도들에게 행함이 없는 믿음은 헛것이요 죽은 것이라고 강조한 것입니다(약 2:14, 17, 20). 그러니 21세기 성도들에게도 정확히 적용되는 말씀입니다.

야고보의 가르침은 나의 것과 다르지 않습니다. 루터(Martin Luther)같이 훌륭한 신학자가 행위를 강조하는 야고보서를 내가 말한 이신칭의와 다르다고 오해하여 지푸라기 서신이라고 폄훼한 것은 유감스럽습니다. 위대한 루터의 중대한 실수가 아닐 수 없습니다.

내가 이신칭의를 강조한 것을 두고 선한 행위를 반대하는 것같이 오해하면 안 됩니다. 이신칭의를 강조한 배경을 이해하는 것이 중요합니다. 유대주의자들이 믿음으로 구원받은 갈라디아 성도들을 찾아와 믿음뿐만 아니라 율법을 지키고 할례를 행해야 온전히 구원을 받는다고 잘못 가르치며 성도들을 혼란하게 했기 때문입니다. 이때 행위는 온전한 구원을 얻기 위해 율법을 지키는 행위를 의미하므로 철저히 반대한 것입니다.

사람이 의롭게 되는 것은 율법의 행위로 말미암음이 아니요 오직 예수 그리스도를 믿음으로 말미암는 줄 알므로 우리도 그리스도 예수를 믿나니 이는 우리가 율법의 행위로써가 아니고 그리스도를 믿음으로써 의롭다 함을 얻으려 함이라 율법의 행위로써는 의롭다 함을 얻을 육체가 없느니라(갈 2:16, 참고 3:11).

갈라디아 성도들이 구원을 받은 것은 율법을 행했기 때문이 아니고 내가 전한 복음을 듣고 믿었기 때문이라고 반복하여 상기시켰습니다. 아브라함도 할례와 율법을 받기도 전에 하나님의 약속을 단순히 믿기만 했는데 하나님이 그 믿음을 보시고 그를 의롭다고 인정해 주셨음을 설명했습니다(갈 3:1-9).

율법을 지켜야 온전히 구원받는다고 가르친 거짓 선생들의 교리를 반박한 문맥을 이해하지 못하고, 내가 구원받은 갈라디아 성도들에게 선한 행위를 하지 말라고 가르친 것으로 오해해서는 안 됩니다. 앞에서도 언급했지만, 오히려 선한 일을 하다가 낙심하지 말고 선을 행하되 특히 믿음의 가정들에게 먼저 하라고 독려했습니다 (갈 6:9-10; 살후 3:13).

로마 성도들에게도 마찬가지입니다. 로마서를 쓴 배경은 이미 유대주의자들이 고린도 교회와 갈라디아 교회들을 훼방했고 성도들은 쉽게 넘어가는 상황이었습니다. 로마 교회도 준비시키지 않으면 같은 현상이 일어날 것을 예상하고 편지를 보낸 것입니다. 갈라디아서에서와 같이 로마서에서도 행위를 반대했는데 그것은 구원받은 후에 해야 할 선한 행위를 반대한 것이 아니라 의롭다 함을 받기 위해 행해야 한다고 주장하는 율법의 행위를 배격한 것이었습니다(롬 3:20, 28).

지금 목사님의 목회 현장에서는 유대인의 율법을 지킴으로 구원을 받는다는 거짓 가르침은 없을 것입니다. 대체로 믿음으로 이미 구원받은 성도들을 지도하고 있을 것이니 성도로서의 본분을 다하고 복음의 진보를 위해 선한 행실을 하라고 아무리 강조해도 지나침이 없을 것입니다.

이신칭의 교리를 받들어 온 개신교는 내가 이신칭의를 강조하고 행위를 반대한 문맥과 배경을 이해하지 못하고 구원을 얻기 위한 율법의 행위와 구원 얻은 후의 선한 행위의 차이를 혼돈하여 행위라면 무조건 반대해 온 면이 많습니다. 이런 오해가 믿음으로 구원받은 성도들이 모여 있는 교회를 무력하게 만듭니다. 신행일치(信行一致)의 삶을 살지 못하는 오류를 범하게 합니다.

그러나 예수 복음을 믿어야 한다는 것보다 행위를 지나치게 강조해서도 안 됩니다. 그러면 기독교가 윤리의 종교가 될 위험이 있습니다. '신'(信)이 '행'(行)보다 순서적으로 먼저 놓였음을 기억하십시오.

오해가 있을까 봐 한 가지 더 언급해야 되겠습니다. 선한 행위로 구원받지 못하지만 믿음으로 구원받은 후에는 선행을 해야 한다고 말씀드렸습니다. 그렇다 해서 믿은 후에는 믿음이 중요하지 않다는 말은 아닙니다. 믿음이 없이는 하나님을 기쁘시게 하지 못합니다. 하나님이 계신 것과 그분이 자기를 찾는 성도에게 상을 주시는 분임을 믿어야 합니다(히 11:6).

나도 에베소 성도들에게 전신 갑주를 입으라고 권면하고 "모든 것 위에 믿음의 방패를 가지"라고 강조했습니다(엡 6:16; 살전 5:8). 디모데에게도 믿음과 착한 양심을 가지고, 의와 경건과 믿음과 사랑과 인내와 온유를 따르며 믿음의 선한 싸움을 싸우라고 했습니다(딤전 1:19, 6:11-12).

이미 하나님을 믿어 의롭게 된 아브라함은 백 세가 되어도 하나님의 약속을 의심하지 않고 믿음으로 견고하여져서 하나님께 영광을 돌렸습니다(롬 4:18-20). 산을 옮길 만한 믿음은 좋은 것입니다. 핍박을 이기는 힘은 믿음입니다. 매사에 믿음으로 기도하고 믿음으로 응답을 기다려야 합니다(고전 13:2; 약 1:5-6).

그러나 이 믿음은 이신칭의에서 말하는 구원 얻는 믿음을 지칭하는 것이 아닙니다. 오히려 하나님의 존재와 도우심을 의식하고 신뢰하는 믿음입니다. "하나님은 살아 계신다. 나를 사랑하신다. 내 기도를 들으신다. 어떤 고난도 이기게 해 주신다. 예수님의 구원의 은혜는 크고도 놀랍다. 고난을 피하게 해 주신다. 예수님은 다시 오신다. 우리를 천국으로 인도해 주신다. 성경의 약속은 이루어진다. 우리 가정, 교회, 나라를 지켜 주신다." 이 같은 믿음입니다.

따라서 믿음으로 구원받아 성도가 된 사람들은 계속 하나님을 신뢰하는 믿음과 선행을 동시에 힘써서 하나님을 기쁘시게 하여야 할 것입니다. 이것을 선명하게 설명해 주는 것이 목사님의 몫입니다.

## 사랑과 감동의 가족 공동체

교회에는 "수고하고 무거운 짐 진 자들아 다 내게로 오라"(마 11:28)는 주님의 초청을 받고 모인 사람들이 많습니다. 주님이 약속하신 위로와 도움과 쉼을 이 힘든 지체들에게 주시는 방법은 더 나은 입장에 있거나 신앙이 더 깊은 다른 성도들의 손길을 통해서입니다.

예수님이 부활하신 후 세워진 예루살렘 교회는 따뜻한 공동체였습니다. 자주 모였고 하나님의 말씀을 사모하여 사도들의 가르침에 집중했고, 마음을 같이하여 기도에도 힘썼습니다. 성도들은 물건을 통용하고 소유를 팔아 각 사람의 필요를 따라 나누어 주었습니다(행 4:32).

지금도 이런 모습의 삶을 어느 정도라도 실천할 수 있으면 좋겠습니다. 만나면 반갑게 인사하는 교회, 서로 물질을 나누는 교회, 서로 귀히 여기는 교회로 세워 가야 하겠습니다.

목회하는 대상이 성도들이기 때문에 목회자는 자상해야 하겠습니다. 자상한 것이 곧 목회자의 성실입니다. 성도들의 신앙 성장과 주님에 대한 충성심을 관찰하고 도와주는 일이 필요합니다. 그들의 질문을 경청하고 자상하게 대답해 주고 의심이나 의문을 품고 있는 것이 있으면 인내를 갖고 진지하게 설명해 주면 좋습니다.

고린도 성도들이 결혼을 해야 되는지 여부에 대해 물어왔습니다. 나는 결혼뿐 아니라 약혼, 이혼, 재혼, 독신, 처녀와 과부의 경우까지 포함하여 40절을 할애해 자세히 설명해 주었습니다. 우상에게 바친 제물을 먹어도 되는지에 대한 간단한 질문도 길게 대답했습니다(고전 8:1-13, 10:23-33).

성도들을 지식과 성품에서 균형 있게 성장시키려는 노력 중 그동안 빠뜨린 것이 무엇이 있나 생각해 보고 가르쳐 보충하는 것도 필요합니다. 나는 "너희가 알지 못하기를 원하지 아니하노니"라는 말로 시작하여 추가로 가르쳤습니다. 우상 숭배를 피할 것과(고전 10:1-22), 성령의 은사에 대하여 자세히 설명했고(고전 12:1, 4-11), 교회가 왜 다양성을 인정하면서도 연합을 유지해야 하는가를 우리 몸에 비유하여 가르쳤습니다(고전 12:12-30). 가장 자세히 기록한 것은 죽은 성도의 부활에 대한 주제였습니다(고전 15:12-58). 성도들이 궁금해하는 부분을 충분히 이해할 수 있도록 자세히 설명해 주는 자상함과 목회적 열심을 가지길 당부합니다.

예수님이 그러셨듯이 연약한 성도들을 귀하게 대해 주십시오. 이런 사람들에게 목사님의 돌봄이 더 필요합니다. 교회의 중요한 일들을 다수결로 결정한다고 다 괜찮다 생각하지 말고 시간이 좀 걸리더라도 소수 의견을 경청하며 함께 품고 갈 노력을 기울이십시오.

교회를 따뜻한 공동체로 만드는 일에 목회자 사모 (배우자)의 역할이 중요합니다. 목회자 사모는 가장 가까운 목회 동역자이며 대리자입니다. 대부분의 경우 들어 주고 공감해 주고 상담해 주는 것은 보다 섬세한 사모들이 더 잘합니다. 각 나라의 문화에 따라 사모가 역할을 맡지 않는 곳도 있지만 모든 지체가 다 교회를 위해 일해야 하므로 사모도 당연히 교회를 섬기는 일에 종사해야 할 것입니다.

담임 목회자 사모가 교회 일에 참여하지 않으면 다른 교역자들의 사모들도 참여하지 못하는 결과를 가져오기 쉽습니다. 교회적으로는 유능한 일꾼들을 교회와 사역을 위해 충분히 활용하지 못하는 셈이 됩니다. 사모들도 목회자를 보필할 뿐만 아니라 은사를 따라 열심을 품고 성도들과 사역을 섬겨야 합니다.

교회 공동체는 이 땅에서 천국의 모습을 미리 맛볼 수 있는 곳입니다. 사랑과 따뜻함이 넘쳐 날 가능성이 가득한 곳입니다. 무엇보다도 예배 공동체이기 때문에 예배드리고 기도할 때마다 하나님과 진지하게 교감하는 공동체가 되어야겠습니다.

하나님을 경외하고 구원의 감사와 감격으로 가득한 예배를 드리는 교회, 한 피 받아 한 몸 이룬 형제자매가 서로 귀히 여기며 함께 모여 같은 아버지 하나님, 같은 구주 예수님께 예배를 드리는 교회에는 감동이 있습니다. 목사님의 설교가 살아 있는 하나님의 말씀으로 선포

되고 그 말씀으로 성도들이 용기와 힘을 얻어 믿음과 지식으로 하나님께 더 가까이 나아가는 축복이 있을 것입니다.

목사님이 겸손과 자기 희생, 헌신과 사랑과 섬김과 전도로 모본을 보이고, 성도들에게 이런 가치로 사랑의 공동체를 만들자고 가르치고 시스템을 갖춘다면 목사님의 교회는 따뜻한 가족 공동체로 세워져 갈 것입니다. 그런 축복을 기원합니다.

주 안에서 사랑하는 목사님!

목사님에게 목회에 대한 조언과 당부의 글을 드렸습니다. 지금까지의 목회와 앞날을 조명해 보는 계기가 되고, 실질적으로 도움이 되면 좋겠습니다. 실천으로까지 이어져 목사님의 목회와 교회 공동체가 주님께 더 귀하게 쓰임 받기를 간절히 기원합니다.

목회자의 진정한 모본은 바로 예수님이십니다. 나도 주님을 본받아 목회했습니다. 예수님은 선한 목자이십니다. 양들을 위하여 혼신을 다하셨고 궁극적으로는 목숨까지 주셨습니다(요 10:11, 15). 선한 목자는 양을 알고 양도 목자를 아는 것이 목회자와 성도들 간의 관계라고 주님은 말씀하셨습니다.

목회하는 교회가 얼마나 큰가는 그리 중요하지 않습니다. 교회의 크기는 목회자가 성도의 이름과 형편을 알 수 있는 정도에 맞추어지면 좋습니다. 성도들의 이름과 가정과 형편을 알려고 노력한다면 선한 목자가 되는 자격 하나를 더 갖추게 됩니다.

주님은 선한 목자의 반대가 삯꾼 목자라고 하셨습니다. 삯꾼은 양들을 데리고 있기는 하지만 진정한 목자가 아니어서 이리가 나타나면 양들을 버리고 달아나 버린다고 하셨습니다. 양들의 안위보다 자신을 먼저 생각하기 때문입니다.

양들의 입장이나 체면보다 자신의 것을 먼저 생각하여 말하고 행동하는 사람은 선한 목자나 주님의 목자가 아닙니다. 문제나 분쟁이 생겼을 때 성도들에게 비난을 돌리고 자신의 입지를 세우려는 목회자도 선한 목자가 아닐 것입니다.

목회자는 주님의 양을 먹이고 돌보도록 부르심을 받은 사람입니다. 양은 주님의 양이고 교회는 주님의 교회입니다. 양을 먹이는 것은 하나님의 말씀을 정규적으로 지속적으로 가르쳐 이해하게 하고 실천하게 하면서 영적으로 돌보는 것입니다. 양을 치는 것은 훈계하고 바로잡고 다스리고 회복시키는 것을 포함합니다.

예수님은 선한 목자(poimēn)이시고 큰 목자이시며 목자장이십니다(요 10:2, 11-16; 히 13:20; 벧전 5:4). 주님은 양의 이름과 형편을 아셔서 사랑으로 양들을 돌보셨고, 궁극적으로 양들을 위해 목숨을 버리셨습니다. 우리도 주님을 본받아 양들의 영적, 육적, 정서적 안녕을 우선적으로 생각하고 행동하는 선한 목자가 되어야 합니다.

주님이 베드로에게 양 떼를 돌보라는 임무를 주시기 전에 먼저 주님을 사랑하는지를 확인하신 것과 당신을 지속적으로 잘 따르라고 주문하신 것을 기억해야 합니다. 준엄한 목회의 사명을 부여받은 베드로는 나중에 양 무리를 칠 때 유념해야 할 내용을 이렇게 썼습니다.

너희 중에 있는 하나님의 양 무리를 치되 억지로 하지 말고 하나님의 뜻을 따라 자원함으로 하며 더러운 이득을 위하여 하지 말고 기꺼이 하며 맡은 자들에게 주장하는 자세를 하지 말고 양 무리의 본이 되라(벧전 5:2-3).

그렇게 잘 목회한 일꾼에게 주님이 주시는 상급도 명기했습니다.

그리하면 목자장이 나타나실 때에 시들지 아니하는 영광의 관을 얻으리라(벧전 5:4).

나는 목회서신을 포함하여 서신서에서 양을 먹이고 양을 치라는 단어를 거의 사용하지 않았습니다. 디모데와 디도가 내가 양 떼를 먹이고 돌보는 모습을 많이 보았기 때문이기도 합니다. 사실 나의 서신 전체가 교회를 영의 양식으로 가르쳐 먹이고, 거짓 선생들의 가르침으로부터 보호하고, 주 예수님의 제자요 양으로서 어떻게 그분의 이름에 합당하게 살아야 하는가에 대한 내용으로 가득 차 있습니다.

특히 에베소 장로들에게 성령께서 그들을 주님이 피로 사신 하나님의 교회를 돌보도록(poimainein) 감독자와 목자로 세우셨으니 자신과 양 떼를 위해 삼가고 조심하라고 강조했습니다. 사나운 이리가 외부에서 공격하고 내부에서 동조할 자들이 있을 것이기에 깨어 있어 잘 방어하라는 경고였습니다. 예수님과 베드로와 내가 말씀과 모본으로 보인 내용이 목사님의 목회에 지표가 되길 바랍니다.

세상의 소망은 교회뿐이며 그 중심에 목회자가 있습니다. 다시 한 번 목회의 길로 부르심을 받은 것을 축하드립니다. 지금까지 나름 최선을 다하여 애써 오게 하신 주님의 은혜에 감사드립니다. 앞으로도 힘든 일이 많겠지만 목사님의 삶과 사역을 통해 많은 영혼이 예수님을 믿어 구원에 이르고, 성도들이 위로와 힘을 얻어 그리스도의 장성한 분량이 충만한 데까지 자라길 기원합니다.

목사님이 섬기는 교회가 따뜻한 예배 공동체, 사랑 공동체, 사역 공동체, 선교 공동체가 되어 하나님의 나라를 확장하는 일에 귀하게 쓰임 받게 되길 축복합니다.

늘 인간 도구를 통하여 역사하시는 주님은 오늘도 당신의 마음에 합한 일꾼을 찾으십니다. 이 땅을 위하여 성을 쌓으며 성 무너진 데를 막아 서서 당신으로 하여금 멸하지 못하게 할 사람을 그 가운데에서 찾으십니다(겔 22:31).

베들레헴 산비탈에서 양 치던 목동, 아버지조차 전혀 가능성을 보지 못했던 다윗을 하나님은 이스라엘의 다음 왕으로 선택하셨습니다. 그 하나님은 오늘도 지금의 외양에 관계없이 그 중심에서 전심으로 당신을 찾는 목회자, 당신의 양들을 돌보는 목자, 당신의 마음에 합한 목회자를 찾으십니다. 그리고 세우셔서 사용하실 것입니다. 목사님이 그런 제자와 전도자와 목회자가 되어 요긴하게 쓰임 받길 축복합니다.

묵상과 나눔

# 1장

# 애틋한 작별을 준비하는 목회를 하십시오

1. 바울은 왜 목회자에게 보내는 이 편지의 첫머리에서 애틋한 작별을 준비하는 목회를 하라고 권면했을까요?

2. 바울은 어떻게 사역하고 목회했기에 장로들과 그토록 정겨운 작별을 할 수 있었을까요?

3. 바울과 에베소 장로들은 어떤 관계로 동역했을까요? 장로들은 바울의 어떤 모습을 존경했을까요?

4. 자신이 이임하거나 은퇴할 때를 생각해 보십시오. 성도들, 특히 장로들과 어떤 모습으로 헤어질 것 같나요?

5. 작별할 날을 미리 생각해 볼 때, 지금부터 더 유념해야 할 목회 방향이 있다면 무엇일까요?

# 2장

# 성품과 영성으로 목회하십시오

1. 바울은 왜 성품과 영성이 가장 중요한 목회 비결이라고 했을까요?

2. 바울이 지적한 목회자의 거룩함, 겸손함, 진실함은 목회에 어떤 영향을 미칠까요?

3. 성도들의 성품과 영성의 발전을 위해 어떤 구상을 가지고 실천하고 있나요?

4. 성도들은 목회자의 성품과 영성을 얼마나 귀하게 보고 있을까요?

5. 목회자로서 자신의 성품과 영성 계발을 위해 어떻게 노력하고 있나요?

# 3장

# 신앙과 삶의 모본으로 목회하십시오

1. 바울의 가르침에는 왜 권위와 무게가 있었을까요?


2. 바울은 모본으로 가르치기 위해 어떤 삶을 살았나요?


3. "내가 그리스도를 본받는 자가 된 것같이 너희는 나를 본받는 자가 되라"(고전 11:1)는 권면에는 어떤 의미가 함축되어 있나요?


4. 예수님의 가르침과 제자 훈련의 비결은 무엇이었을까요?


5. 예수님의 모본을 따라 살아 내야 할 영역은 무엇이며, 어떻게 따르고 있나요?

# 4장

# 초연한 자세로 목회하십시오

---

1. 바울은 어떻게 초연한 자세로 사역할 수 있었을까요?


2. 다른 사람이 자신의 목회 사역을 평가하는 것에 대해 예민한가요? 얼마나 예민하며, 왜 예민한가요?


3. 누군가 자신을 (과도하게 혹은 근거 없이) 비방하는 것을 어떻게 받아들이나요?


4. 자본주의 사회에서 재정은 중요하고 예민한 문제인데, 어떻게 하면 재정의 불안정성이라는 십자가를 지고 초연할 수 있을까요?


5. 어떻게 목회자들은 물질주의의 유혹에서 자신을 지킬 수 있을까요?

# 5장

# 동역자들을 귀히 여기십시오

1. 동역하는 교역자들은 어떤 존재이며, 그들을 어떻게 대하고 있나요?

2. 교역자들이 주님과 교회에 더 충성하도록 어떻게 지도하고 있습니까?

3. 교역자들과 가장 효율적인 동역을 할 수 있는 방안이나 영역은 무엇일까요?

4. 어떻게 하면 교역자들과 최선의 팀워크를 이루어 사역할 수 있을까요?

5. 동역하는 교역자들이 더 신실하고 큰 역할을 맡은 목회자가 되게 하기 위해 어떻게 도와야 할까요?

# 6장

# 복음의 본질을 숙지하십시오

1. 바울은 왜 복음을 전하는 것을 가장 큰 사명으로 여기고 실행했을까요?

2. 우리 교회에서 복음을 믿고 구원의 확신을 가진 성도는 얼마나 될까요? 각 성도의 신앙 상태를 확인해 보았습니까?

3. 복음의 본질을 얼마나 숙지하고 있으며 확신을 가지고 다른 사람에게 설명할 수 있나요?

4. 얼마나 자주 설교나 전도로 복음을 나누고 있습니까?

5. 어떻게 교회의 인적 자원을 동원하여 전도 중심적 목회로 전환할 수 있을까요?

# 7장

# 전도하고 개척하는 목회자가 되십시오

1. 바울이 디모데 목사에게 때를 얻든지 못 얻든지 복음을 전파하라고 한 준엄한 명령은 나에게도 적용됩니다. 이 명령을 어떻게 받아들이고 있습니까?

2. 바울의 목회는 전도의 결과였고 연장이었는데, 내가 복음으로 낳아 목회하는 성도는 얼마나 되나요?

3. 예수님은 아직 우리에 들지 않은 양도 "내 양"이라 하셨는데, 나는 교회 밖 영혼들에게 얼마나 관심과 시간을 쏟았나요?

4. 예수님은 제자들이 사람 낚는 어부가 되도록 3년 동안 훈련시키셨는데, 내가 하는 목회와 훈련으로 우리 교회 성도들은 사람 낚는 어부가 될 수 있을까요?

5. 우리 교회가 다른 교회를 개척하는 것은 이룰 수 없는 꿈일까요? 어떻게 이 꿈을 이룰 수 있을까요?

| **8**장 |

# 따뜻한 교회 공동체를 만들어 가십시오

---

1. 목회자의 가장 중요한 책무는 교회의 영적, 가족적 온도를 올리고 유지하는 것입니다. 우리 교회의 온도는 100도 만점에 몇 도일까요? 그 근거는 무엇입니까?

2. 우리 교회를 더 따뜻한 공동체가 되게 할 구체적 방안은 무엇일까요?

3. 우리 교회 성도들에게는 어떤 구체적 칭찬을 해 줄 수 있을까요?

4. 어떻게 하면 우리 교회의 모든 지체가 교회의 일원이라는 소속감을 가지고 은사를 적극적으로 활용하게 할 수 있을까요?

5. 교회 밖의 이웃들에게 열심히 선을 행할 때도 교회는 따뜻해집니다. 이웃과 지역 사회를 위해 더 할 수 있는 일은 무엇일까요?

# 바울이 보낸 목회 십계명

1. 소명을 따라 충성하라

2. 목회자이기 전에 예수 제자로 바로 서라

3. 성경에 정통하고 균형 잡힌 설교자가 되라

4. 하나님과 사람 앞에서 깨끗하고 순수한 양심으로 목회하라

5. 거룩함과 진실함으로 목회하라

6. 겸손하고 따뜻한 목회자가 되라

7. 다스리지 말고 사랑으로 섬기라

8. 신앙과 삶의 모본으로 설교하고 목회하라

9. 복음 들고 불신자를 찾아가는 목회자가 되라

10. 동역자들을 키워 주는 목회자가 되라

# 내가 쓰는 목회 고백문